U0047914

マンがでわかる微分方程式

圖解

微分方程式

高中必學・大學先修

佐藤實 ——— 著　前大同大學機械系教授 郭鴻森 ——— 審訂

謝仲其 ——— 譯　TREND・PRO ——— 製作　あづま笙子 ——— 插畫

※本書原名為《世界第一簡單微分方程式》，現易名為《圖解高中必學‧大學先修微分方程式》

前言

　　微分方程式，聽來好像很難對吧？事實上它也的確不容易。其實，我在學校上課時也完全無法釋懷，就跟這本書的主人公野山大地所說的一樣，即使知道如何計算，也不明白自己究竟在做什麼。雖然強記了各種解法的模式與公式、解了很多練習題，但仍有一種如在五里霧中的感覺。

　　要解開微分方程式是很難的，因為它的答案是無法輕易被找出來的，但這是就泛論來說，在課堂上是不會出現無解的微分方程式的。如果是已知解法的微分方程式，應該都有辦法解出答案。數學高超的人已經找出了解法與公式，所以只要順著他們的軌跡，任何人都可以解出答案來。但若是一個勁兒地進入陌生的數學世界，就很容易會被眼前的數學操作給轉移注意力。因為若只是看著腳尖，就沒辦法對整體有概念，因而便會迷失掉自己的所在。如果能稍微抬起頭來看看周遭，或許會看到展現在眼前的美麗景色呢。

　　所以說，本書就像是一本旅遊指南，帶領大家在微分方程式的世界中走在合適的路線上。與一般教科書不同的是，我們不意圖網羅微分方程式的所有領域，也不探究數學上的嚴密性與一般性。請大家先順著既定的路線，輕鬆愉快地欣賞景色吧！但是，就像現實世界的天空般，一個人在微分方程式的世界中自由飛翔時，才是真正的樂趣所在。雖然人類沒有翅膀，卻能製造出翅膀在天空飛翔。相信你也一定能獲得微分方程式這雙翅膀，在數學的世界中自由飛行。希望各位能以這本書作為跳板，飛向微分方程式的藍天。

　　最後我要衷心向這些人致謝：給予這本書誕生機會的株式會社 OHM 社的各位、以數學之神出場這個點子寫成精彩劇本的ＳＷＰ、以具體的圖畫表現出抽象的數學世界，達成如此困難工作的漫畫家あつま笙子小姐。這本書能順利付梓都是團體合作的成果。

佐藤実

◎ 第 5 章 ┊ 二階線性微分方程式 151
~不只是搖晃而已~

◎ 附錄 211

數宮神社的數學女神

…真沒辦法。

那，如果您能實現下一位參拜者的願望，

我的身體就借您用一天吧！

真的嗎？

好！保證實現!! 我一定會讓它實現啦!!

妳等著吧!!

咱

這位是吧？

看來有點傻傻的，也好啦。

大學二年級學生
野山大地

6

哪有可能呀!!

回家唸書啦!!

這太偷懶了嘛～!!

真是的～

哇啊啊，對不起對不起！

姬神大人!!

這位大哥，你為什麼要許這種願望呢？

啊…這是因為，

我完全搞不懂微分方程式是在幹嘛——

完全不知道自己在計算什麼。

所以我希望自己至少能夠理解一點…

…喔，微分方程式…？

哼，好吧，

我聽進你的願望了。

咦？

太好啦！
這位大哥，

我是巫女，
名叫美月。

啊…我是野山大地。

請問…

我來教你微分方程式！

所以就靠你自己的力量去了解吧！

咦？

這…可以嗎？

這位究竟是…？

呃…

神明？

是真的嗎？

是美國的

妖笑

這位就是數之姬神，是這座神社的守護神。

也就是所謂的「神明」。

好～～上吧囉～～

我要好好磨練你～!!

啊

是！
請多指教…！

8

第 **1** 章
什麼是微分方程式

喔～

原來您是想出去外面玩呀。

想出去作什麼呢？

散散心囉。

散散心…？

神明也需要。

就是想吃好吃的、散散步吧。

這樣呀！那，木本屋那裡的蛋糕好像特別好吃，

還有「冬花亭」的紅豆湯圓和芭菲很美味唷。

一亮

你…你不了解微分方程式，對甜食倒是知道的不少嘛…

這您就甭管了。

啊啊～好想去唷～

蛋糕♡

芭菲♡

要先上課唷！

嗚…

趕快開始吧！
你趕快唸懂它！

微分方程式是將你所在的現實世界當中的各種「現象」，表示在數學世界中的工具。

所以說

懂得微分方程式，

未來…？

就可以預知未來！

你知道飛行模擬程式嗎？

是電腦遊戲裡的那種嗎？

你知道這種飛行模擬程式是怎麼讓飛機飛起來的嗎？

沒錯。

可以讓你模擬開飛機的體驗。

我是不太懂啦…

應該就是用電腦計算出來的吧…
大概

嗯。

這種計算之所以可以成立，

嗡

就是因爲有了微分方程式唷。

什麼東西冒出來啦!!

嗚哇!!

要創造飛行模擬軟體,首先必須能將現實世界中「飛行」這種(具體)現象 轉化爲數學(抽象)表現。

另外,這個程序稱爲「模型化」。其所產生的模型是一組含有微分的方程式,

這就是微分方程式。

現實世界

飛行

① 模型化

模型
微分方程式

數學世界

嗶

解微分方程式,就可以得到函數。

模型
微分方程式

② 計算

解
函數

運用這些函數…

就能模擬飛行啦!

嗶

飛行的模擬

解
函數

③ 解釋

飛行模擬軟體

既然可以模擬，自然就可以用來「預測」嘍。

這神明還真不是蓋的…

原…原來如此…

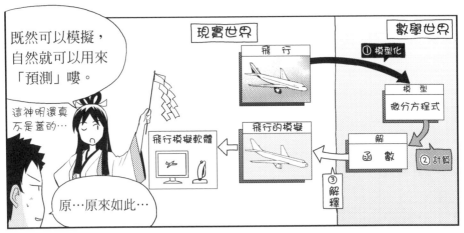

天氣預報的基礎也是微分方程式唷。

只要解出將大氣運動模型化的微分方程式，就能預測大氣的狀態。

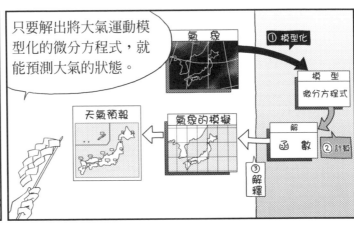

除此之外，像是災害的規模、人口變化、廣告效應與商品銷售量等，各種領域都會運用到微分方程式。

全球暖化將來會如何變化，會造成什麼樣的結果，這些預測也會用到它。

這樣啊…

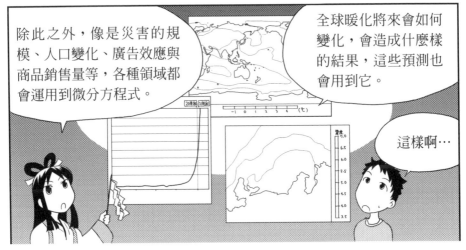

如何，懂了嗎？

嗯…

應該懂了吧？

好像懂又不太懂…

什麼！

說不上來…

驚——

姬神大人，

您要不要舉個例子實際讓他做做看呢？

怎麼這麼麻煩…

真不好意思…

甜點還真好吃～～

嗯～～

……

你看那個。

滑翔機？

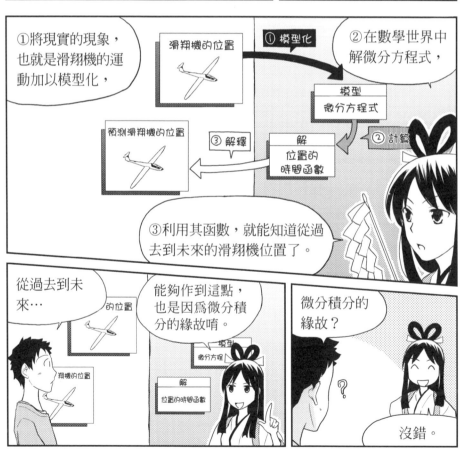

我要繼續說下去囉。

我們知道物體的運動有法則存在，

那就是牛頓運動方程式，

它是這樣的。

$$ma = F$$

m (mass) = 物體的質量
a (acceleration) = 物體的加速度
F (force) = 作用在物體上的力

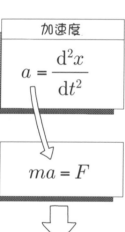

加速度

$$a = \frac{\mathrm{d}^2 x}{\mathrm{d}t^2}$$

$$ma = F$$

$$m\frac{\mathrm{d}^2 x}{\mathrm{d}t^2} = F$$

我們將加速度以位置的時間微分來表示。

喔，變成含有微分 $\frac{\mathrm{d}^2 x}{\mathrm{d}t^2}$ 的方程式了。

沒錯。也就是說，我們以微分方程式的形式描述出了物體運動模型的運動方程式。

$$m\frac{\mathrm{d}^2 x}{\mathrm{d}t^2} = F$$

附帶一提，只要含有微分的方程式，就是微分方程式。

$$\frac{\mathrm{d}f}{\mathrm{d}t} = 0$$

喔～

就算是這樣看起來十分單純的方程式，也都是正規的微分方程式唷。

好，這樣我們就能將滑翔機的運動化成單純的模型囉。

運用微分方程式，就能知道滑翔機從過去到未來所有的位置囉！

飛行

① 模型化

模型（微分方程式）

$$m\frac{\mathrm{d}^2 x}{\mathrm{d}t^2} = F$$

怎麼樣!! 很感動吧!!

……
……

咦？
這樣嗎？

這有什麼好感動的勒…

搞不懂…

他怎麼還不懂呢…這樣萃取出本質的數學模型多麼美呀…

對於姬神大人來說，在寫下微分方程式的當下，

似乎一切都變得十分明白了。

但對大地來說，這樣仍然沒有辦法明瞭。

姬神大人沒辦法跨過現實世界的藩籬，大地哥也沒辦法跨過數學世界的壁壘呢。

姬神大人，要不要讓他試試來解微分方程式呢？

嗯…這樣啊…

那你來解解看 $m\dfrac{\mathrm{d}^2x}{\mathrm{d}t^2}=F$ 這道式子。

!!

這個…
m 代表質量吧…

質量是多少呀…

唸唸有詞

好像沒聽到是多少呀…

錯啦！

不是要你像方程式那樣代入數值去解！

微分方程式要得到的不是數字，而是函數！

是…

現在應該要找出滿足

$$m \frac{\mathrm{d}^2 x}{\mathrm{d}t^2} = F$$

的函數 $x(t)$ 才對。

函數 $x(t)$ 就在微分函數當中。

要知道被微分的是怎麼樣的函數，應該要怎麼做？

啊！

積分對吧？

要靠反運算的積分。

反運算
除法 ⟷ 乘法
微分 ⟷ 積分

要計算微分方程式就需要用到積分。

沒錯，

好，

在滑翔速度固定的滑翔機上，作用在機體的力會呈平衡狀態。

嗯嗯

重力於行進方向的分力對阻力、重力於垂直方向的分力對升力剛好彼此平衡

所以說實質的總力為零，因此運動方程式的力 F 就為 0。

$$m \frac{\mathrm{d}^2 x}{\mathrm{d}t^2} = 0$$

喔

將這式子解出來後設 v 與 x_0 為常數，

$$x(t) = vt + x_0$$

好！

函數出現了！

喔喔

就變這樣。

若是想知道滑翔機在某個時刻的位置，

無論這時刻是過去或未來，只要將它代入這個式子中表示時刻的變數 t，

就能知道這個時刻滑翔機所在的位置。

$x(t) = vt + x_0$

那架滑翔機，

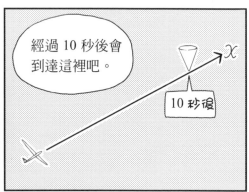

經過 10 秒後會到達這裡吧。

x

10 秒後

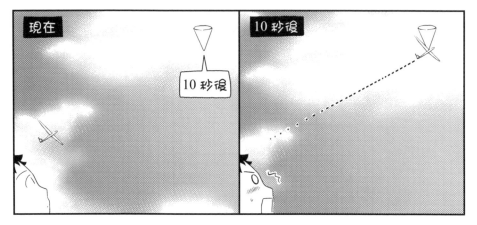

現在

10 秒後

10 秒後

喔喔——！

真的耶!!

好厲害！

就⋯就是呀！

像這樣求出解答後，

如果解出來的結果越偏越遠，就應該重新回到模型化的步驟，構思更精密的模型。

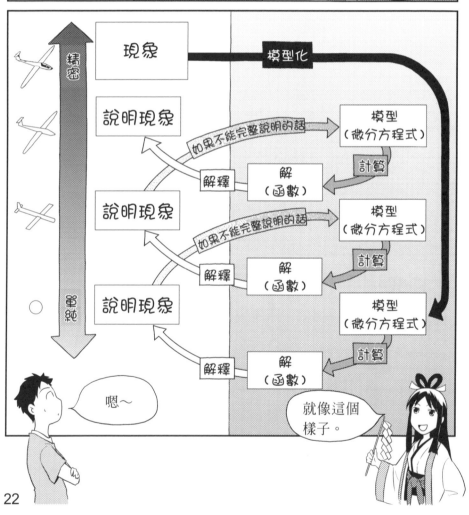

嗯～

就像這個樣子。

22

要採用多高精密度的模型，就根據你是在多遠的距離外眺望滑翔機而定。

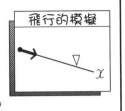

在現在這個例子中，由於要看的只有滑翔機整體的運動，所以我們就不考慮形狀，而把它當作一個點。

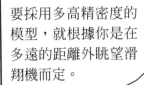

但是如果想知道「流經滑翔機四周的空氣狀態」，模型就必須訂得更複雜、精密才行。

怎麼說？

因為這時就不能忽視機體的形狀啦。

啊──…

看起來真困難啊…

模型化是一種經驗！

它需要能夠準確觀察現實世界現象的眼力，

還需要能夠判斷用怎麼樣的模型才能得出結果的知識！

那…這該怎麼著手才好呢？

對於典型的現象，你只要考量各種模型，好好運用它們即可。

相似的問題，應該都能夠解得出來。

接下來，你得要修煉自由穿梭現實世界與數學世界的能力！

…現實世界，

與數學…的世界…

喂，回話呀！

呃，遵命！

加油唷～

第 **2** 章
微積分基本定理

請保佑我這次模擬考能考個好成績。

快去唸書！

請保佑我補考過關。

快去唸書！

請保佑我血壓降低，保佑我生意興隆，保佑我太太趕快回來…

……

那不是我負責的呀!!

誰管你啊

吼哇

姬神大人！

您怎麼這樣對待這些稀少的香客？

即使尋常人看不見您，也要請您更審慎一點回應！

應該更真誠一點…

什麼？

那個…

我想知道爲什麼可以用微分方程式來模型化…

是因爲有「微積分基本定理」的關係呀。

……

…你眞的有好好搞懂過微分積分嗎？

驚

太糟糕了。

耶～

在挑戰典型的微分方程式模型之前，我要讓你重新了解這重要的基礎!!

…是…

28

要模型化就要運用函數，那天的解說我們已經運用過了。

簡單來說，函數就是數字 y 對數字 x 的關係。

「決定 x 後，就能依據某種規則確定 y」，

這就是函數的意義！

啪

這些東西到底是怎麼冒出來的呀？

喉，因為

神明有神力嘛

函數的記號常會使用 f（function）來表示，

但在將現象模型化時，也常常會用 f 以外的字母。

如果是速度（velocity）就用 v，溫度（temperature）則用 T，

…等等，會加上反應機能的符號。

速度 v

溫度 T

原來如此～

這樣真好懂

好，

請你想想，數學世界中對應於現實世界的詞彙。

？

是在說什麼？

…別一臉「這是在說什麼？」的表情啊，

我們已經開始要進入數學世界啦？

被拆包了!!

認真點!!

啊，

是！

$y = f(x)$ 中的 x 與 y 我們稱作變數，

變數就是用來表示任意數值的符號呀。

變數　變數

$y = f(x)$

啊，在說這個呀。

這個我就知道啦

？

變數可以當作任何數，就像撲克牌裡的鬼牌唷。

原來是這樣!!

喔，那張畫是怎麼回事

比方說寫做 $y = f(x)$ 的數學式子，就是表示變數 y 是變數 x 的函數。

$y = f(x)$

變數x的函數

但是這裡要注意到，

雖然同樣是變數，y 與 x 的立場並不是對等的。

怎麼說？

x 的數值如果隨意改變時，y 的數值也要隨之而改變。

我要來變化！

x

那我也要跟著變囉！

y

所以我們稱 x 為自變數，y 為依變數或應變數。

自變數是主、依變數是從，這是他們的主從關係。

就好像我跟你現在的關係一樣。

x（主）

y（從）

的我好好用功!!

遵命

呼呼呼

嗚…

…那是不是也像美月與姬神大人那樣呢？

不好好工作就不能玩~！

是！抱歉~！

這該怎麼說呢？

……

那麼為了要將滑翔機的運動模型化，就必須設想必要的變數！

我們把滑翔機的進行方向設為 x 軸吧。

滑翔機的進行方向

x

啊，竟然完全不理我!!

代表位置的數值稱作「座標」，常用 x、y、z 來表示。

咳…

其次是時間。

現在假設滑翔機以 25 公尺／秒的速度在飛行，

透過表示位置相對於時間的變化，就可以表現出運動狀況來。

時間就以時鐘顯示的數值對應在 t（time）軸的數字來表示吧！

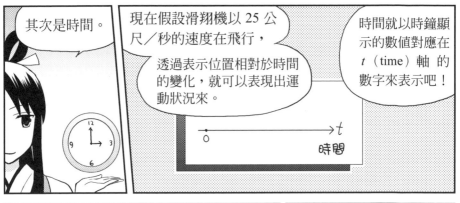

那麼…在考慮將滑翔機的運動模型化所需要的函數時，就必須要決定 x 與 t 哪一個是自變數、哪一個是依變數。

你知道哪個是哪個嗎？

位置 x

時間 t

嗯嗯？

哪個是主人呢…？

是「改變時間，位置會跟著變」呢？還是「改變位置，時間會跟著變」？

你只要判斷出這個就可以知道啦！

啊！對呀！

設
時間 t：自變數
位置 x：依變數

正是。

我們就選擇較為自然的「相對於時間的位置關係」吧！

那應該是這樣吧！

為了能清楚看出主從關係，就要建立以「相對於」來表達的習慣唷。

起——

所以說…利用函數記號，就可以將變數的主從關係

$$x = f(t)$$

表示成這樣。

在這個函數中只要代入時間就會出現位置，所以我們要將 f 改換成 x，

$$x = x(t)$$

表示成這樣。

來試著描述滑翔機的運動吧！

嗯…滑翔機是以 25 公尺／秒的速度在前進，

所以把 x 設為公尺、t 設為秒的話就是 $x(t) = 25t$ 對吧？

沒錯。
若是用圖形來表示滑翔機的位置在時間上的變化…

就會變成這樣的直線。

這種圖形就是表示滑翔機位置 x 相對於時間 t 的函數 $x(t)$。

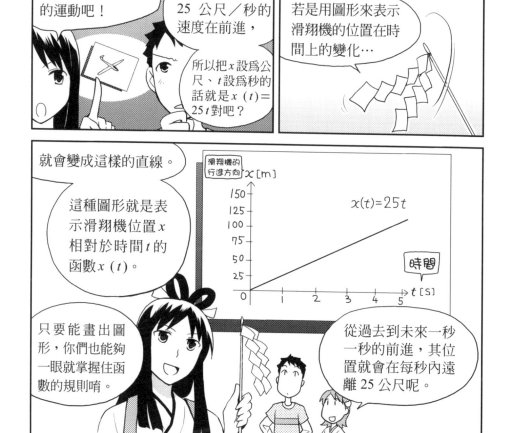

只要能畫出圖形，你們也能夠一眼就掌握住函數的規則唷。

從過去到未來一秒一秒的前進，其位置就會在每秒內遠離 25 公尺呢。

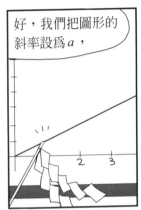

好，我們把圖形的斜率設為 a，

a 就是圖形縱軸變化量 Δx 相對於圖形橫軸變化量 Δt 的比例 $\Delta x / \Delta t$，

也就是表示變化率的數學世界的詞彙。

三角 x？
三角 t？

？

三角？

這是希臘文的 delta 啦。

Δ 是表示變化的符號⋯

DELTA

△

提醒妳一下，因為 Δ 不是變數，所以不可以把它約分掉唷！

是！

懂了嗎？在這裡 a 所對應的是「速度」。

現在是 25 m/s。

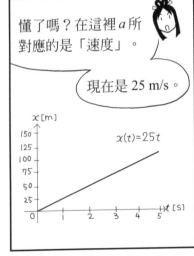

x [m]

$x(t)=25t$

150
125
100
75
50
25

0 1 2 3 4 5 t [S]

如果圖形的傾斜程度更陡，就表示速度比 25 m/s 還快。

x [m]

更快

150
125
100
75
50
25

0 1 2 3 4 5 t [S]

另外如果速度較慢則會是這樣的

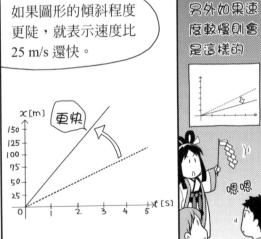

嗯嗯

對了，我們要怎麼樣根據圖形來求出速度的具體數值呢？

除法！

我知道!!

正是。我們連同單位來計算位置對時間的變化率$\Delta x / \Delta t$。

設時間t的單位為s（秒）、位置x的單位為 m（公尺），則速度的單位就是 m/s（公尺每秒）。

秒 S

公尺 M

公尺每秒 m／s

小時 h

公里 km

公里每小時 km／h

如果時間單位是 h（小時）、位置單位是 km（公里），速度單位就會變成 km/h（公里每小時）。

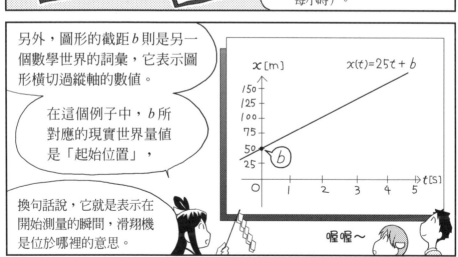

另外，圖形的截距b則是另一個數學世界的詞彙，它表示圖形橫切過縱軸的數值。

在這個例子中，b所對應的現實世界量值是「起始位置」，

換句話說，它就是表示在開始測量的瞬間，滑翔機是位於哪裡的意思。

$x(t) = 25t + b$

喔喔～

一旦進入了數學世界，

就沒有必要一一去顧及各變數原本所代表的事物，

只要遵從數學的法則去處理就好。

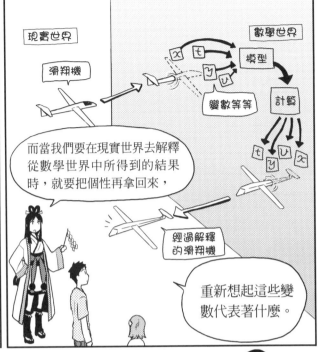

而當我們要在現實世界去解釋從數學世界中所得到的結果時，就要把個性再拿回來，

重新想起這些變數代表著什麼。

原來如此…

我好像懂得模型化有什麼好處了…

好，

在數學世界中，有些常會使用到的函數，每個都有它自己的名稱。

我們就來一一確認其中最常會碰到的函數與其圖形吧！

■指數函數

會越增越多、會越減越多。

設 a 為某個常數，則可表示為

$$y(x) = a^x$$

的函數，就稱為指數函數。

指數函數的走勢就如右圖這樣。

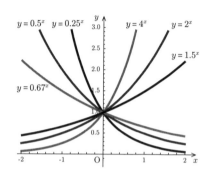

無論常數 a 是什麼數值，都可以被稱為指數函數，但對處理微分方程式來說最重要的，就是由

$$\lim_{n \to \infty} \left(1 + \frac{1}{n}\right)^n = e = 2.718281828459045235\cdots$$

所定義出來的常數 e 的指數函數：

$$y(x) = e^x$$

這裡所出現的，以「e」這個符號所表示的數字，我們就稱作「尤拉數（或納皮爾常數）」。指數函數的基本性質有下列這幾條：

$$a^x a^y = a^{x+y}, \ \frac{a^x}{a^y} = a^{x-y}, \ (a^x)^y = a^{xy}, \ \left(\frac{a}{b}\right)^x = \frac{a^x}{b^x}$$

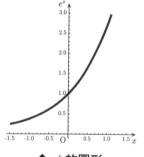

◆ e^x 的圖形

■對數函數

剛開始變化很快，漸漸會遲緩下來。

指數函數的反函數就是對數函數。也就是說，將

$$x = a^y$$

改寫成 y 的式子，

$$y(x) = \log_a x$$

這就是對數函數。

對數函數的走勢如右圖。

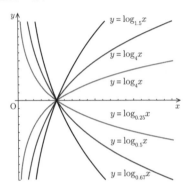

$y = \log_{1.5} x$

$y = \log_4 x$

$y = \log_4 x$

$y = \log_{0.25} x$

$y = \log_{0.5} x$

$y = \log_{0.67} x$

我們稱常數 a 為「底」，稱底為 10 的對數 $\log_{10} x$
為常用對數，稱底為 e 的對數 $\log_e x$ 為自然對數。
在處理微分方程式時，自然對數是比較重要的。
自然對數也可以簡化表示成：

$$y(x) = \ln x$$

對數函數的基本性質有下列這幾條：

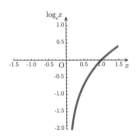

◆ $\log_e x$ 的圖形

$$\log_a xy = \log_a x + \log_a y, \quad \log_a \frac{x}{y} = \log_a x - \log_a y, \quad \log_a x^y = y\log_a x, \quad \log_b x = \frac{\log_a x}{\log_a b}$$

■三角函數

一下減、一下增，不斷擺盪的變化。

如下圖的直角三角形，其各邊長比例與各角的關係為：

$$\sin x = \frac{c}{a}, \ \cos x = \frac{b}{a}$$

由此所定義出來的函數統稱為三角函數。這些函數都是週期為 2π 的週期函數，所以常被用來表示週期性的現象。另外，根據畢達哥拉斯的定義，

$$\cos^2 x + \sin^2 x = 1$$

是成立 [1] 的。在此設 $p = \cos x$、$q = \sin x$，則 $p^2 + q^2 = 1$，這就對應、表現出 pq 平面的圓周上的點。

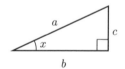

◆直角三角形的各邊與角

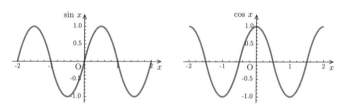

◆三角函數的圖形。左邊為 $\sin x$、右邊為 $\cos x$。

1　也可以運用之後會出現的尤拉公式來求出：
$$\cos^2 x + \sin^2 x = ((e^{ix} + e^{-ix})/2)^2 + ((e^{ix} - e^{-ix})/2i)^2 = (e^{2ix} + e^{-2ix} + 2)/4 - (e^{2ix} + e^{-2ix} - 2)/4 = 1$$

■雙曲函數

性質很類似三角函數的函數。

指數函數與三角函數乍看起來沒有任何關係，但根據尤拉公式[2]

$$e^{\pm ix} = \cos x \pm i \sin x$$

它們是透過了虛數而具有難以分離的關聯性。運用這個尤拉公式，我們可以知道這個關係為：

$$\cos x = \frac{e^{ix} + e^{-ix}}{2}, \ \sin x = \frac{e^{ix} - e^{-ix}}{2i}$$

雙曲線函數的定義與這式子非常類似，它是由

$$\cosh x = \frac{e^{x} + e^{-x}}{2}, \ \sinh x = \frac{e^{x} - e^{-x}}{2}$$

所定義的函數（右圖）。根據定義，

$$\cosh^2 x - \sinh^2 x = \left(\frac{e^x + e^{-x}}{2}\right)^2 - \left(\frac{e^x - e^{-x}}{2}\right)^2$$
$$= \frac{e^{2x} + e^{-2x} + 2}{4} - \frac{e^{2x} + e^{-2x} - 2}{4}$$
$$= 1$$

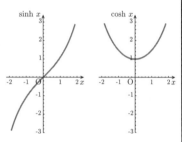

◆雙曲線函數的圖形。左邊為 $\sinh x$、右邊為 $\cosh x$。

便得以成立。在此設 $p = \cosh x$、$q = \sinh x$，則 $p^2 - q^2 = 1$，就可以對應到 pq 平面中雙曲線上的點，這就是為何它被稱為雙曲數函數的緣故。雙曲線的英文為 hyperbola，因此 cosh 就是雙曲餘弦（hyperbolic cosine），sinh 就是雙曲正弦（hyperbolic sine）。雖然名稱與三角函數很相似，但它們只是在函數的性質上有些相似而已，所以最好還是把它們視為不同的東西。

---

2 這是由指數函數與三角函數分別作級數展開所推導而成的。另外，在 $x = \pi$ 時 $e^{i\pi} + 1 = 0$ 而得到這麼一個結合了 e、π、1、i、0 的神秘式子。無理數 e 的無理數 π 乘以虛數單位 i 次方再加上 1 竟然會變成 0，這真是出人意料。

2. 微分

前面我們所考慮的是滑翔機以固定速度飛行的情況。

但是實際上滑翔機是會加速或減速對吧？

對呀。

永遠以固定速度飛行的滑翔機根本不可能存在不是嗎？

也是啦。

若是照上面所說的，那樣根本就不能起飛跟降落嘛。

所以為了讓模型更接近現實世界，我們就來想一下運動狀態會改變的情況吧。

這裡假設飛行路線依然是直線，而速度會有所改變。

是！

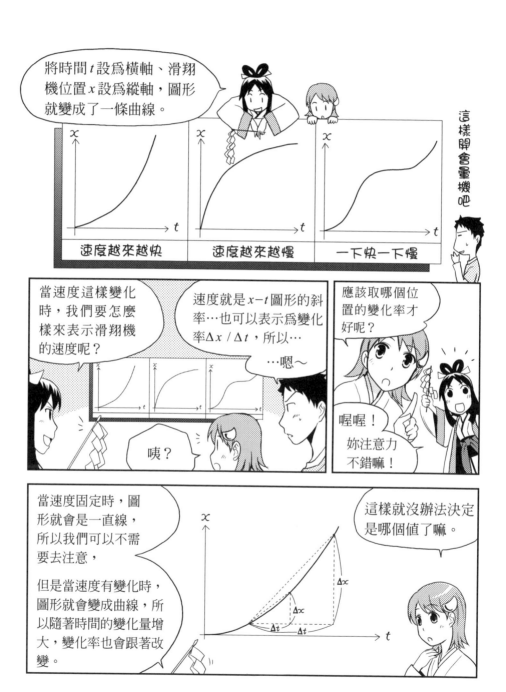

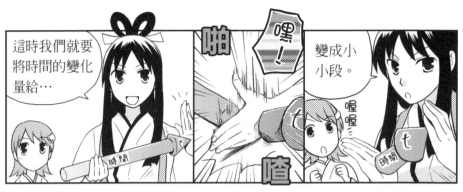

這時我們就要將時間的變化量給…

啪！

嘿！

喔喔…

變成小小段。

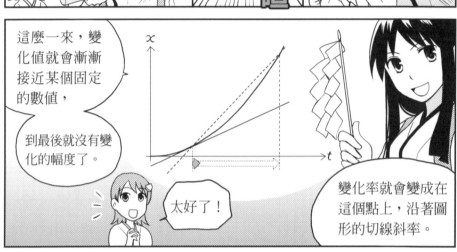

這麼一來，變化值就會漸漸接近某個固定的數值，

到最後就沒有變化的幅度了。

太好了！

變化率就會變成在這個點上，沿著圖形的切線斜率。

但是這對數學世界來說就有麻煩了。

咦？

如果我們把時間的變化量 Δt 當作零，$\Delta x / \Delta t$ 的分母就會變成零，那就沒辦法計算了。

拒絕

嗯～～

咦！

那這該怎麼辦才好呢？

好，

現在我們要來處理位置變化量對時間變化量的比$\Delta x / \Delta t$，當中的Δt我們以將之逼近零來取極值，

$$\lim_{\Delta t \to 0} \frac{\Delta x}{\Delta t}$$

這要這樣表示。

我們來作一些比較數學性的操作吧。

在除法前面加上的 lim，

$$\lim_{\Delta t \to 0}$$

是代表「取其極限（limit）」的符號。

另外，由於位置的變化量Δx是從時刻t的位置到時刻$t + \Delta t$的位置，中間有移動了些許的量值，

所以我們可以依據位置的時間來使用函數

位置隨時間所做的變化
$$\Delta x = x(t + \Delta t) - x(t)$$

就可以這樣來表示它。

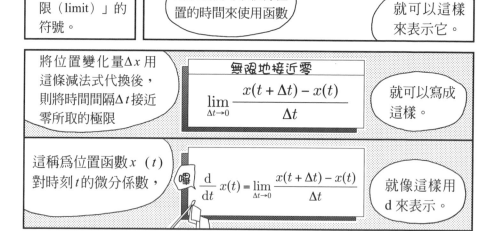

將位置變化量Δx用這條減法式代換後，則將時間間隔Δt接近零所取的極限

無限地接近零
$$\lim_{\Delta t \to 0} \frac{x(t + \Delta t) - x(t)}{\Delta t}$$

就可以寫成這樣。

這稱為位置函數$x(t)$對時刻t的微分係數，

$$\frac{d}{dt} x(t) = \lim_{\Delta t \to 0} \frac{x(t + \Delta t) - x(t)}{\Delta t}$$

就像這樣用 d 來表示。

位置對時間的變化率$\Delta x / \Delta t$，

還有微分係數dx / dt，

接下來我們就來看它們在現實世界分別對應到什麼東西吧！

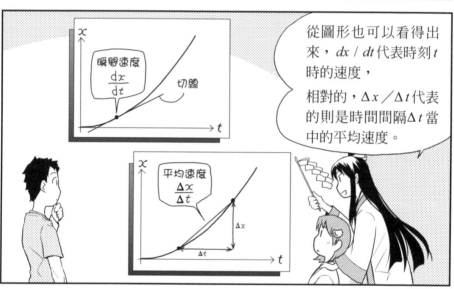

從圖形也可以看得出來，dx / dt代表時刻t時的速度，

相對的，$\Delta x / \Delta t$代表的則是時間間隔Δt當中的平均速度。

同時，微分係數dx / dt雖然取了極值，

但仍舊是位置除以時間。因此它對應的量值單位還是m/s。

公尺每秒
m/s

就是剛才作過的公尺每秒吧

嗯嗯

好，由於 dx/dt 是位置 x 在時刻 t 的微分係數，也就是速度 v，

速度就變成了時間的函數 $v(t)$。

$$v(t) = \frac{\mathrm{d}}{\mathrm{d}t} x(t)$$

函數 $v(t)$ 被稱為函數 $x(t)$ 的導函數。

$$v(t) = \frac{\mathrm{d}}{\mathrm{d}t} x(t)$$

當然，由於它也是函數，所以你也可以畫出它的圖形唷。

設橫軸為時間 t、縱軸為速度 v 畫出圖形…

v（速度）

t（時間）

就變這樣

速度固定時的 $v-t$ 圖

速度與時間成正比時的 $v-t$ 圖

當速度固定時，就是一條與橫軸平行的直線圖。

當速度與時間成正比時，就變成斜率固定的直線了呢。

函數 $x(t)$ 的導函數，

$$v(t) = \frac{\mathrm{d}}{\mathrm{d}t} x(t)$$

就是

函數 $x(t)$ 對時間的微分，

但它還能再對時間作微分。

咦？

$$a(t) = \frac{\mathrm{d}}{\mathrm{d}t} v(t) = \frac{\mathrm{d}}{\mathrm{d}t} \left(\frac{\mathrm{d}}{\mathrm{d}t} x(t) \right)$$

還要再微分嗎？

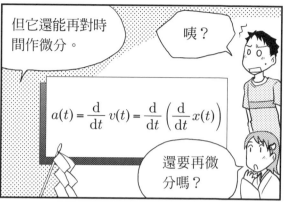

咦什麼咦？

這些你不是都應該要懂嗎？

嗯…
這個…

真是的，這個就是「速度」，

$$v(t) = \frac{\mathrm{d}}{\mathrm{d}t} x(t)$$

啪

啪

啊…對喔。

而這個就是「加速度」啦!!

$$a(t) = \frac{\mathrm{d}}{\mathrm{d}t} v(t) = \frac{\mathrm{d}}{\mathrm{d}t} \left(\frac{\mathrm{d}}{\mathrm{d}t} x(t) \right)$$

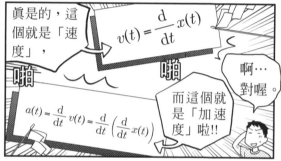

我們可以把它簡化成這樣。

$$a(t) = \frac{\mathrm{d}}{\mathrm{d}t} v(t) = \frac{\mathrm{d}}{\mathrm{d}t} \left(\frac{\mathrm{d}}{\mathrm{d}t} x(t) \right)$$

要注意，雖然它看起來好像是平方，但它並不是將 d 或 t 平方的意思唷。

平方要這樣寫!!

$$v^2(t) = \left(\frac{\mathrm{d}}{\mathrm{d}t} x(t) \right)^2$$

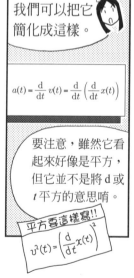

$$\frac{\mathrm{d}^2}{\mathrm{d}t^2} x(t)$$

只要記得這個「2」就是微分 2 次就好了吧。

嗯，這想法不錯！

1 階導函數

$$\frac{\mathrm{d}}{\mathrm{d}t} x(t)$$

2 階導函數

$$\frac{\mathrm{d}^2}{\mathrm{d}t^2} x(t)$$

另外，微分的次數就稱作導函數的「階數」。

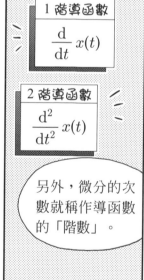

「我們先把滑翔機的運動放一邊，來看一下微分的計算吧！」

「好！」

「美月還真是投入呀～」

「函數 $f(t)$ 有很多規則要注意。我們就舉幾個例子，根據定義來求出函數 $f(t)$ 的微分吧！

首先，若 f 為常數，

$$f(t) = 1$$

則根據微分的定義，

$$\frac{\mathrm{d}}{\mathrm{d}t} f(t) = \lim_{\Delta t \to 0} \frac{f(t + \Delta t) - f(t)}{\Delta t} = \lim_{\Delta t \to 0} \frac{1 - 1}{\Delta t} = 0$$

就為零。

接下來，若 f 與 t 成正比的話，

$$f(t) = t$$

則同樣地，

$$\frac{\mathrm{d}}{\mathrm{d}t} f(t) = \lim_{\Delta t \to 0} \frac{f(t + \Delta t) - f(t)}{\Delta t} = \lim_{\Delta t \to 0} \frac{(t + \Delta t) - t}{\Delta t} = \lim_{\Delta t \to 0} \frac{t + \Delta t - t}{\Delta t} = 1$$

若 f 與 t 的平方成正比的話，

$$f(t) = t^2$$

則

$$\frac{\mathrm{d}}{\mathrm{d}t} f(t) = \lim_{\Delta t \to 0} \frac{f(t + \Delta t) - f(t)}{\Delta t} = \lim_{\Delta t \to 0} \frac{(t + \Delta t)^2 - t^2}{\Delta t} = \lim_{\Delta t \to 0} \frac{(t^2 + 2t\Delta t + \Delta t^2) - t^2}{\Delta t}$$

$$= \lim_{\Delta t \to 0} \frac{2t\Delta t + \Delta t^2}{\Delta t} = \lim_{\Delta t \to 0}(2t + \Delta t) = 2t$$

它就等於 t 的一次函數 $2t$。」

「有沒有察覺到什麼規則？」

「嗯…」

「條列出來可能會比較好懂吧。」

$$f(t) = 1 \;\rightarrow\; \frac{\mathrm{d}}{\mathrm{d}t}\, f(t) = 0$$

$$f(t) = t \;\rightarrow\; \frac{\mathrm{d}}{\mathrm{d}t}\, f(t) = 1$$

$$f(t) = t^2 \;\rightarrow\; \frac{\mathrm{d}}{\mathrm{d}t}\, f(t) = 2t$$

「啊！我好像看出什麼來了…」

「在此我們就採用數學世界的長處，將它一般化吧！設想 n 不是具體的數值而是一個變數，f 與 t 的 n 次方成正比的情況如下：

$$f(t) = t^n$$

這時要作些有點麻煩的計算：

$$\frac{\mathrm{d}}{\mathrm{d}t}\, f(t) = \lim_{\Delta t \to 0} \frac{f(t + \Delta t) - f(t)}{\Delta t}$$

$$= \lim_{\Delta t \to 0} \frac{(t + \Delta t)^n - t^n}{\Delta t}$$

$$= \lim_{\Delta t \to 0} \frac{(t^n + nt^{n-1}\Delta t + \cdots + nt\Delta t^{n-1} + \Delta t^n) - t^n}{\Delta t}$$

$$= \lim_{\Delta t \to 0} \frac{nt^{n-1}\Delta t + \cdots + nt\Delta t^{n-1} + \Delta t^n}{\Delta t}$$

$$= nt^{n-1}$$

於是

$$f(t) = t^n \;\rightarrow\; \frac{\mathrm{d}}{\mathrm{d}t}\, f(t) = nt^{n-1}$$

我們就得到 t 的 $n-1$ 次函數 nt^{n-1}。[3]」

「這就是所謂的微分公式

$$\frac{\mathrm{d}}{\mathrm{d}t}\, t^n = nt^{n-1}$$

對吧！」

3　式子中出現的「…」，代表省略掉的項目。雖然因為 n 是變數而使得項數無法確定，照説沒辦法寫出式子來，但是這樣一寫大家也就了解是什麼意思了。這是很聰明的辦法。

「公式在數學世界中是個便利的工具，有了公式，就不用每次都要從頭開始計算了。話雖如此，我還是勸大家都要自己推導過一次。你走的不是尚未開拓的荒野，而是保證能到達目的地的道路，因此任何人都可以達成。」

「任何人都可以嗎？」

「沒錯，這點很重要。數學式的操作乍看很複雜，但其實它在做的事意外地單純。教科書都會刊載各種函數的微分公式，你一定要試著自己將它們推導出來。」

「以下舉幾道微分的公式。」

$$\frac{d}{dt}\sin t = \cos t$$

$$\frac{d}{dt}\cos t = -\sin t \tag{2.1}$$

$$\frac{d}{dt}e^t = e^t$$

「另外，微分還有以下這些基本性質。」

$$\frac{d}{dt}(\alpha f(t) + \beta g(t)) = \alpha \frac{d}{dt}f(t) + \beta \frac{d}{dt}g(t)$$

$$\frac{d}{dt}f(t)g(t) = g(t)\frac{d}{dt}f(t) + f(t)\frac{d}{dt}g(t)$$

$$\frac{d}{dt}g(f(t)) = \frac{d}{df(t)}g(f(t))\frac{d}{dt}f(t) \tag{2.2}$$

$$\frac{dx}{dy} = \frac{1}{\dfrac{dx}{dy}} \quad (y = f(x),\ x = f^{-1}(y))$$

「嗯嗯。」

3. 積分

美月還眞是投入呀。

是。

現在要回到滑翔機的運動上囉。

運用微分，我們就可以根據位置函數 $x(t)$ 來得知速度的函數 $v(t)$。

那反過來，

請想想要如何從速度函數 $v(t)$ 來得知位置的函數 $x(t)$ ？

?

首先要考慮的是以固定速度滑翔中的滑翔機運動。

當速度 v 爲固定時，從時刻 t_i 到時刻 t_f 的時間間隔 $\Delta t = t_f - t_i$，其中的移動距離爲 l（length）

這可以由 $l = v \Delta t$ 來求得。

嗯，換句話說就是…

距離＝速度×時間的意思對吧？

移動距離　　速度　　時間
$$l = v \times t$$

喝

呃，是啦…

當滑翔機速度與時間成正比時，要怎麼計算 $l = vt$ 呢？

咦？這不就是…

好像可以用「底乘高除以二」來算嘛。

喝！！

嘎——

三角形的面積～

這我就懂了～

現在不許用已經一般化的式子，

要像先前推導微分係數那樣按照順序來思考時間間隔 Δt！

是是～

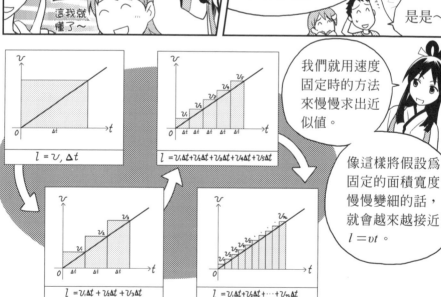

我們就用速度固定時的方法來慢慢求出近似值。

像這樣將假設為固定的面積寬度慢慢變細的話，就會越來越接近 $l = vt$。

力光 閃

蘿 蔔

嚓

像這樣，

切細一

嚓 嚓

切成 n 片小片再加起來，式子就會變成這樣。

大地哥很會切呢！

吃吃…

切片

$$l = v_1 \Delta t + v_2 \Delta t + \cdots + v_n \Delta t = \sum_{j=1}^{n} v_j \Delta t$$

這是什麼符號呢？

3的蘿蔔嗎？

SIGMA

Σ

那是希臘文的 Σ（sigma）唷。

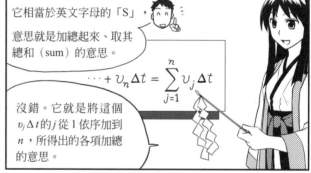

它相當於英文字母的「S」，意思就是加總起來、取其總和（sum）的意思。

$$\cdots + v_n \Delta t = \sum_{j=1}^{n} v_j \Delta t$$

沒錯。它就是將這個 $v_j \Delta t$ 的 j 從 1 依序加到 n，所得出的各項加總的意思。

現在，

為了要減少誤差，我們要讓切片的數量近乎無限大！

剁剁剁剁剁

喔喔～

切絲

這堆蘿蔔該怎麼辦？

就把它給吃了吧

今天就吃蘿蔔沙拉吧

「在時刻 t_f 時，滑翔機的位置座標是 $x(t_f)$，這是由時刻 t_i 時滑翔機的位置座標 $x(t_i)$，與從時刻 t_i 到時刻 t_f 之間所移動的距離 l，二者相加之和：

$$x(t_f) = x(t_i) + l$$

只要知道速度的函數 $v(t)$，移動距離 l 就可以表示為 $v(t)$ 對時間 t 的積分：

$$x(t_f) = x(t_i) + \int_{t_i}^{t_f} v(t) \mathrm{d}t$$

在此讓結束動向（表示某特定時刻）的變數 t_f 動起來（不再為特定時刻），讓它得以變動到每一個時刻 t [4]，則移動距離 l 就會變成時間的函數：

$$l(t) = \int_{t_i}^{t} v(t) \mathrm{d}t \tag{2.3}$$

因此時刻 t 的位置也同樣是時間的函數 $x(t)$：

$$x(t) = x(t_i) + \int_{t_i}^{t} v(t) \mathrm{d}t \tag{2.4}$$

這樣所求得的位置就是 $x(t)$。若設 $x(t_i) = 0$、縱軸為位置、橫軸為時間來畫成圖形，就會變成如下圖那樣。」

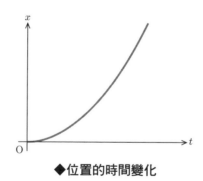

◆位置的時間變化

「另外，當我們知道速度的時間變化函數為 $v(t)$ 時，則用來求出從時刻 t_i 到任意時刻 t 之間移動距離 $l(t)$ 的積分式（2.3），就是時間 t 的函數。」

4　也就是任意時刻。

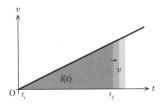

改變積分的上線，面積也會隨之變化。

◆求取從時刻 t_i 到任意時刻 t 之間移動距離 $l(t)$ 的積分式

「在此我們將函數 $l(t)$ 對 t 作微分。根據微分定義應該要這樣寫：

$$\frac{\mathrm{d}}{\mathrm{d}t}l(t) = \lim_{\Delta t \to 0}\frac{l(t+\Delta t) - l(t)}{\Delta t}$$

把 $l(t)$ 轉換成含有積分符號的式子就變成：

$$\frac{\mathrm{d}}{\mathrm{d}t}l(t) = \lim_{\Delta t \to 0}\frac{\int_{t_i}^{t+\Delta t}v(t)\mathrm{d}t - \int_{t_i}^{t}v(t)\mathrm{d}t}{\Delta t} = \lim_{\Delta t \to 0}\frac{\int_{t}^{t+\Delta t}v(t)\mathrm{d}t}{\Delta t} \tag{2.5}$$

它的極值會向 $v(t)$ 接近。也就是說：

$$\frac{\mathrm{d}}{\mathrm{d}t}l(t) = v(t)$$

而函數 $l(t)$ 應該要等於（2.3）：

$$l(t) = \int_{t_i}^{t}v(t)\mathrm{d}t$$

所以說，將積分後的函數作微分，就會變成原來的函數 [5]。」

「時刻 t 時的位置 $x(t)$ 可以用（2.4）

$$x(t) = x(t_i) + \int_{t_i}^{t}v(t)\mathrm{d}t$$

來表示。若將可以任意移動以代表任何時刻的變數 t，再次停止移動設為 t_f，並將式子的二邊同時減去 $x(t_i)$ 且左右交換，就可以得到：

$$\int_{t_i}^{t_f}v(t)\mathrm{d}t = x(t_f) - x(t_i)$$

---

5 想要問「這不是理所當然嗎？」的讀者，你究竟是精通數學到不需要念這本書了呢？還是被死背的數學讀書法給荼毒了呢？

這個式子代表在時刻 t_i 到時刻 t_f 之間滑翔機所移動的距離，這個距離可以由在時刻 t_f 時滑翔機的位置 $x(t_f)$ 減去在時刻 t_i 時滑翔機的位置 $x(t_i)$ 所得出。很理所當然吧？不過且慢，它移動的距離正好是 $v-t$ 圖的面積。另一方面，位置也是可以藉由微分而得到速度的一種量。圖形的面積與作微分而得到速度的量，這中間似乎沒有什麼關聯。但它們在數學式中又是以等號連結起來的，所以似乎有些重要的關係呀。

我們就以在數學世界中最擅長的一般化來看看吧！設想有一個經微分後就會變成 $f(t)$ 的函數 $F(t)$。

$$\frac{\mathrm{d}}{\mathrm{d}t}F(t) = f(t) \tag{2.6}$$

這個 $F(t)$ 就稱作 $f(t)$ 的原始函數。$F(t)$ 與 $f(t)$ 的關係在於，將函數 $F(t)$ 微分就會得到導函數 $f(t)$，將函數 $f(t)$ 積分就會得到原始函數 $F(t)$。就好像乘法與除法的關係，微分與積分是它們彼此的反運算。

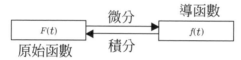

將函數 $F(t)$ 微分就會得到導函數 $f(t)$，將函數 $f(t)$ 積分就會得到原始函數 $F(t)$。

◆微分與積分為彼此的反運算

接下來繼續看到剛剛所說的速度與位置的關係，

$$\int_{t_i}^{t_f} v(t)\mathrm{d}t = x(t_f) - x(t_i)$$

如果將 $v(t)$ 代換成 $f(t)$、$x(t)$ 代換成 $f(t)$ 的原始函數 $F(t)$、t_i 代換為 a、t_f 代換為 b 的話，就會變成：

$$\int_a^b f(t)\mathrm{d}t = F(b) - F(a)$$

這就是所謂的微積分基本定理。」

「這也就表示，一個函數圖形所構成的形狀面積（式子左邊）可以透過對它作微分的反運算（式子右邊）來求出！」

好啦，我們終於講到這裡了。

前面講的微分、積分，就是

微積分的基本定理

$$\int_a^b f(t)\mathrm{d}t = F(b) - F(a)$$

希望你們能夠了解這個「微積分的基本定理」。

微分方程式之所以能夠預測未來，它的關鍵就在這裡！

這項定理真可以說是人類的財富呀！

呃…

…又來了，又是那種不知道我在說什麼的表情～

咦首很長眼睛咧？ 驚

好好看看這個式子！

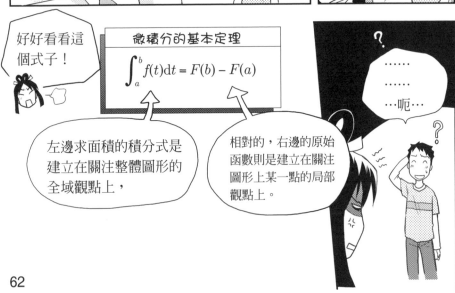

微積分的基本定理

$$\int_a^b f(t)\mathrm{d}t = F(b) - F(a)$$

……
……
…呃…

左邊求面積的積分式是建立在關注整體圖形的全域觀點上，

相對的，右邊的原始函數則是建立在關注圖形上某一點的局部觀點上。

62

聽好啦，在現實世界中，全域觀點與局部觀點是完全不同的觀點唷。

用比喻的話就像⋯想像我們在觀察一條河流，全域觀點就是乘著滑翔機從天上俯瞰全體，

全域觀點

局部觀點

相對的，局部觀點就是從河邊觀看眼前的流動。

咦？
這意思難道是說⋯是用等號將它們連結在一起嗎？

沒錯。
在現實世界當中，無論你在岸邊怎麼樣仔細地觀察，

也難以建立出整體河川的形象。

但是在數學世界中，「積分」這種全域觀點與「微分」這種局部觀點，是相互連結的，

這是「微積分基本定理」所告訴我們的道理。

換句話說，在數學世界裡只要知道函數，

即使只是在河邊觀察，也能夠描繪出河川的整體形象來。

所以在數學世界中，我們也可以根據某個瞬間的滑翔機速度得知滑翔機所有的運動狀態囉？

正是這樣！你終於搞懂了。

這就是

它之所以能夠預測未來的秘密所在！

那麼從下次開始，我們就要來嘗試各種類型的微分方程式模型囉！

是！

加油～!!

現在，從微積分的基本定理可以看出，函數圖形所圍出的圖形面積值，就等於將原始函數在積分上限時的數值減去下限時的數值。我們將 $F(b)-F(a)$ 表示為

$$[F(t)]_a^b = F(b) - F(a)$$

則

$$\int_a^b f(t)\mathrm{d}t = [F(t)]_a^b$$

這也就是說，只要我們知道原始函數，就不需要一項項去操作極值，只要用原始函數的減法就可以求出圖形面積了[6]。

　　函數 $f(t)$ 的整體原始函數，以這種符號來表示：

$$\int f(t)\mathrm{d}t$$

這就稱為不定積分[7]。相對於此，要求出函數圖形所圍面積的積分

$$\int_a^b f(t)\mathrm{d}t$$

就稱為定積分。我們說微積分基本定理，是將乍看沒有關聯[8]的不定積分與定積分連結起來的道理。

　　那麼，如果 $F(t)$ 為 $f(t)$ 的原始函數，設 C 為任意常數，則根據微分的性質就會得到：

$$\frac{\mathrm{d}}{\mathrm{d}t}(F(t) + C) = \frac{\mathrm{d}}{\mathrm{d}t}F(t) + 0 = f(t)$$

因此 $F(t) + C$ 也是 $f(t)$ 的原始函數。換句話說，不定積分就是

$$\int f(t)\mathrm{d}t = F(t) + C$$

無法確定常數 C 為何數。這個任意的常數 C 就稱為積分常數。由於不能確定積分常數，所以這種積分才叫不定積分。若是以圖形來表現，則能夠從不定積分所得出的原始函數，就是所有能夠透過平移重疊起來的圖形。

6　要透過操作極值來進行積分，事實上非常地困難。
7　提醒一下，可不是分部積分唷。
8　這講的不是式子的型態，而是指其意義。它們的寫法之所以相似，是因為它們是由懂得微積分基本定理的人所構思出來的。

由於積分是微分的反運算，因此不定積分的公式就能夠以導函數公式反向代換來得出。

$$\frac{d}{dt}t^n = nt^{n-1} \rightarrow \int t^{n-1}dt = \frac{t^n}{n} + C \ (n \neq 0)$$

$$\frac{d}{dt}\sin t = \cos t \rightarrow \int \cos t\, dt = \sin t + C$$

$$\frac{d}{dt}\cos t = -\sin t \rightarrow \int \sin t\, dt = -\cos t + C$$

$$\frac{d}{dt}e^t = e^t \rightarrow \int e^t dt = e^t + C$$

如何具體去解微分方程式，是從下一章開始講解，這裡我們就來瀏覽一遍微分方程式的種類，以作為本章的結束吧。如下面所見，只要在方程式當中加入微分係數就會變成微分方程式，因此如果不想個分類的方式，就一定會造成嚴重的混亂。微分方程式的分類，有自變數的個數、導函數的階數或次方數、線性‧非線性、常係數‧變係數、齊次‧非齊次等等分法。

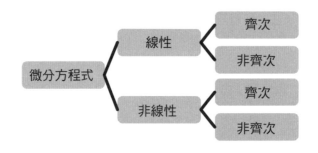

◆微分方程式的分類

首先，我們從自變數的個數上來看。一個自變數對應一個依變數，具有這樣關係的微分方程式就稱為常微分方程式。當自變數有好幾個時，要求微分係數就必須使用「偏微分」這種方式，含有偏微分係數的微分方程式稱為偏微分方程式。本書只談到常微分方程式而已。前面我們所看過的所有微分方程式，也全都是常微分方程式。由於不會出現偏微分方程式，所以在本書中只要講到微分方程式，指的都是常微分方程式。

接下來，就是看階數與次數了。一個微分方程式所含有的導函數當中，最大的階數就是這個微分方程式的階數，這個導函數的次數就是這個微分方程式的次數。導函數的次數，就表示導函數的冪數（多少次方）。比方說

$$\frac{\mathrm{d}x}{\mathrm{d}t} + kx = ka \quad \leftarrow \quad 一階一次微分方程式$$

由於它含有一階導函數，次數爲一次，因此被分類爲一階一次微分方程式。另外，

$$m\frac{\mathrm{d}^2x}{\mathrm{d}t^2} + v\frac{\mathrm{d}x}{\mathrm{d}t} + kx = 0 \quad \leftarrow \quad 二階一次微分方程式$$

其導函數含有一階導函數與二階導函數二種，但由於規則上以最大的階數作爲微分方程式的階數，而其二階導函數的次數爲一次，因此分類爲二階一次微分方程式。

再來是線性與非線性。線性微分方程式指的是依變數與其導函數，次數爲一次的微分方程式。如果它具有非一次的項，就是非線性微分方程式。看看與剛剛相同的微分方程式，

$$\frac{\mathrm{d}x}{\mathrm{d}t} + kx = ka \quad \leftarrow \quad 線性微分方程式$$

與

$$m\frac{\mathrm{d}^2x}{\mathrm{d}t^2} + v\frac{\mathrm{d}x}{\mathrm{d}t} + kx = 0 \quad \leftarrow \quad 線性微分方程式$$

二者由於依變數與其導函數的次數都是一次，因此都是線性微分方程式。

接下來是常係數與變係數。在線性微分方程式當中，所有係數皆爲常數的稱爲常係數微分方程式，如果係數爲變數的就稱爲變係數微分方程式。比方說

$$m\frac{\mathrm{d}^2x}{\mathrm{d}t^2} + v\frac{\mathrm{d}x}{\mathrm{d}t} + kx = 0 \quad \leftarrow \quad 變係數微分方程式$$

屬於變係數微分方程式，但若變成

$$\frac{\mathrm{d}^2x}{\mathrm{d}t^2} + 3\frac{\mathrm{d}x}{\mathrm{d}t} + 7x = 0 \quad \leftarrow \quad 常係數微分方程式$$

就是常係數微分方程式了。

最後是齊次與非齊次。在線性微分方程式當中，與依變數無關係的常數為零的稱為齊次方程式，如果不是零的就稱為非齊次方程式。比方說

$$\frac{\mathrm{d}x}{\mathrm{d}t} + kx = ka \quad \leftarrow \quad 非齊次方程式$$

為非齊次方程式，而

$$m\frac{\mathrm{d}^2x}{\mathrm{d}t^2} + v\frac{\mathrm{d}x}{\mathrm{d}t} + kx = 0 \quad \leftarrow \quad 齊次方程式$$

則為齊次方程式。

在做分類時，會將這些綜合起來使用。比方說

$$m\frac{\mathrm{d}^2x}{\mathrm{d}t^2} + v\frac{\mathrm{d}x}{\mathrm{d}t} + kx = 0 \quad \leftarrow \quad 二階一次變係數齊次線性常微分方程式$$

就屬於「二階一次變係數齊次線性常微分方程式」。這名稱很長吧。實際應用時，會依據情況作省略。當要具體處理微分方程式時，請試著注意一下。

在本書中，第 3 章談的是一階齊次微分方程式當中的分離變數型、第 4 章則是一階非齊次線性微分方程式、第 5 章則是二階線性微分方程式。

本書所探討的微分方程式的例子：

階數	種類	數學式	說明	章
一階	齊次線性	$\dfrac{\mathrm{d}P}{\mathrm{d}t} = \mu P$	記述蝦夷鹿存活變化的微分方程式	第 3 章
	非齊次線性	$m\dfrac{\mathrm{d}v}{\mathrm{d}t} = mg - 6\pi\eta rv$	考慮重力與黏滯阻力時的運動方程式	第 4 章
二階	齊次線性	$m\dfrac{\mathrm{d}^2x}{\mathrm{d}t^2} + c\dfrac{\mathrm{d}x}{\mathrm{d}t} + kx = 0$	考慮彈力與阻力時的振動系運動方程式	第 5 章
	非齊次線性	$m\dfrac{\mathrm{d}^2x}{\mathrm{d}t^2} + c\dfrac{\mathrm{d}x}{\mathrm{d}t} + kx = F_0\cos\nu t$	包含外力的振動系運動方程式	第 5 章

第3章
分離變數型微分方程式
~蝦夷鹿王國能夠實現嗎？~

70

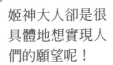

幹嘛?

沒有啦,

我本來以為神明應該是很抽象化的存在…

姬神大人卻是很具體地想實現人們的願望呢!

真是親切的神明呀…

你…你說什麼呀…

我只是在做我的工作而已啦!

因為要是怠工的話又要被這個巫女囉唆了嘛!

來,今天我們預定要來挑戰微分方程式唷!

趕緊開始吧!

好啦,趕快走吧

真是的,

百姓不知神明苦…

美月今天也精力充沛耶~

1. 現象

今天我們要試著說明「越增越多、越減越少」的現象，

就以「分離變數型微分方程式」來試著建立模型吧。

…這先不談，

這點心好好吃唷～！

鹽分拿捏得太好了！

咔嚓咔嚓咔嚓咔嚓

因為看到車站前的北海道直銷店有擺出來，我就買了。

那裡賣的冰淇淋好像非常好吃。

我想去！

唸書優先。

嗚嗚…我知道啦。

…「越增越多、越減越少」

這樣嗎？

沒錯。

有不少東西是這樣吧？

嗯～

…一下子想不出來耶…

眞駑鈍。

哎呀呀

真抱歉…

原來沒關原來沒關原

…說到這個，

北海道的鹿群遽增加，好像已經成了問題了呢。

雖說鹿是神明的使者…

喔？

蝦夷鹿

妳是說蝦夷鹿嗎？

那有什麼問題呢？

因為這樣食物就會不夠吧？

鹿的食物

牠們也可能會因而破壞樹木與農田。

激增的原因好像是因為捕食蝦夷鹿的蝦夷狼在十九世紀時就絕種的關係。

蝦夷狼

這樣啊…

這個…

我對蝦夷鹿不是很了解…

只知道牠是北海道的鹿…

想得太難了吧？

講到增加量，把出生的數值減掉死亡的數值就可以求出來啦。

咦？

就這樣嗎？

是呀。

來建立一個概念以說明增加方式吧。

雌蝦夷鹿在初夏時只會產下一隻子鹿。

母

子

並非所有的雌鹿都會生下子鹿，但整體所產下的子鹿數量，

大致與蝦夷鹿的總數成正比。

嗯嗯。

另外，死去的蝦夷鹿數量也應該會與總數成正比。

真是有夠粗糙的耶…

一開始先想簡單一點嘛！

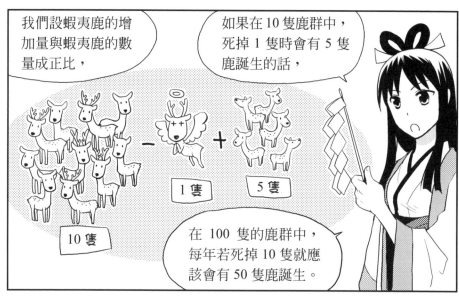

我們設蝦夷鹿的增加量與蝦夷鹿的數量成正比，

如果在 10 隻鹿群中，死掉 1 隻時會有 5 隻鹿誕生的話，

1 隻

5 隻

10 隻

在 100 隻的鹿群中，每年若死掉 10 隻就應該會有 50 隻鹿誕生。

原來如此。

時間 t

蝦夷鹿的存活數 P(t)

在此我們設時間為 t，蝦夷鹿的存活數為 P(t)，

假設這個模型中蝦夷鹿的存活數增加率 dP(t) / dt 與蝦夷鹿存活數 P(t) 成正比。

用式子來表示的話，就把比例常數設為 μ…

比例常數

μ

另外，這個決定函數關係的變數，我們就稱作參數（parameter）。

parameter

參數

μ

是～～

好，式子就會是這樣。

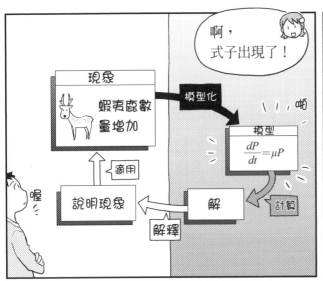

啊,式子出現了!

而這,

就是記述蝦夷鹿存活數變化的微分方程式了!

喔喔!

對了,該怎麼求這個比例常數 μ 呢?

這個嘛…

不調查現實世界的狀態就沒法知道了。

哎呀呀…

不過，

如果我們知道了某時間點上蝦夷鹿的存活數 P 以及決定增加方式的參數 μ 的話，可以知道些什麼？

啊，

只要知道局部的狀況，就可以推知全局的狀況對吧？

沒錯！

無論是一年後還是十年後的蝦夷鹿存活數，我們都可以預測了。

一年後

現在

你記性不錯嘛！

嘿嘿嘿～

3. 解

來解解看這個微分方程式吧！

好，該怎麼做呢？

呃…

……

……

大地哥加油～

$$\frac{\mathrm{d}P}{\mathrm{d}t} = \mu P$$

啊！

積分起來求函數對吧？

……

我還記得嘛!!

剛誇你的話我全收回

在這個例子中，我們的目標是要求出蝦夷鹿存活數的時間函數 $P(t)$，

也就是解出微分方程式，

真抱歉…

並畫出表示蝦夷鹿存活數 P 隨時間 t 變化的圖形。

嗯…橫軸是自變數、縱軸是依變數，所以…

時間 t 是自變數，而蝦夷鹿存活數 P 是依變數。

依變數

自變數

懂嗎？首先要確認這些變數應該位於微分方程式的哪裡才行。

$$\frac{dP}{dt} = \mu P$$

依變數

自變數

是。

然後，接下來很重要！

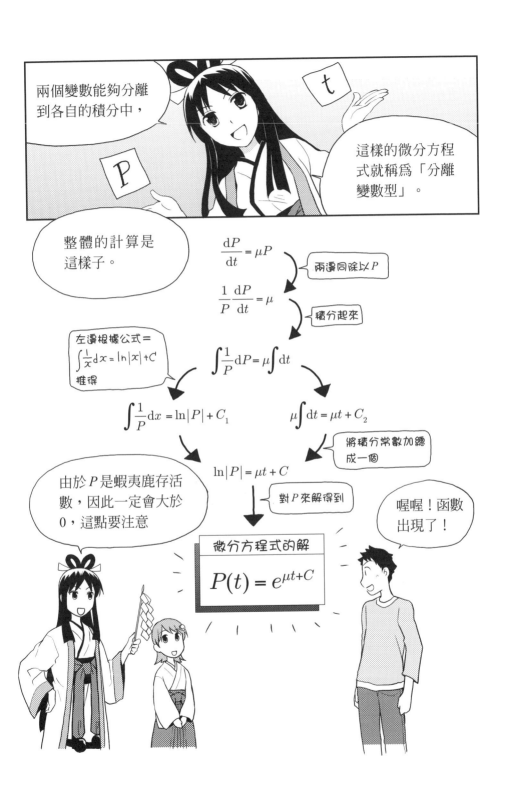

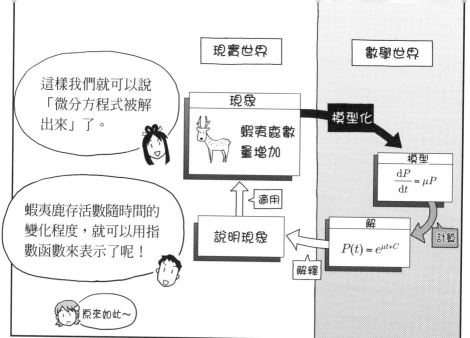

你沒辦法實際將它畫出來，要畫的話就得畫出無限多張圖。

嗚哇…

無限的圖形

不調查現實世界的狀況，就無法得知參數的數值是多少。積分常數也是這樣，

必須調查現實世界的狀況才行。

為了調查積分常數，我們試著將時刻 t 定為 0。

$$t = 0$$

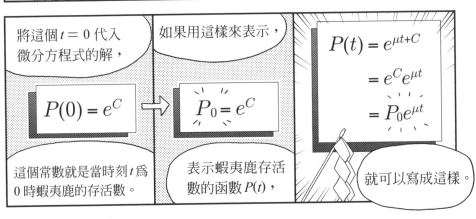

將這個 $t = 0$ 代入微分方程式的解，

$$P(0) = e^C$$

這個常數就是當時刻 t 為 0 時蝦夷鹿的存活數。

如果用這樣來表示，

$$P_0 = e^C$$

表示蝦夷鹿存活數的函數 $P(t)$，

$$P(t) = e^{\mu t + C}$$
$$= e^C e^{\mu t}$$
$$= P_0 e^{\mu t}$$

就可以寫成這樣。

如 P_0 這樣在時刻 $t = 0$ 時的數值就稱作「初始條件」。

雖然不一定要使用到時刻 $t = 0$ 時的數值，

但大致上，我們之所以使用微積分都是想要從有起始時刻的局部狀況來預測全域的狀況，

$$P(t) = P_0 e^{\mu t}$$

有很多時候都會用到初始條件唷。

$$P(t) = P_0 e^{\mu t}$$

這樣啊。

既然知道積分常數可以根據初始條件來決定，

那我們就假設一個初始條件 P_0 與比例常數 μ，

來畫出蝦夷鹿存活數 P 對時間 t 的變化圖形吧。

如果設 $\mu = 0$，P 經過了再久也仍是時刻 0 時候的數值 P_0，沒有產生任何變化。

蝦夷鹿存活數 P 隨參數不同的差異

無變化

由於指數部分為零，時間過再久也不會有什麼變化吧！

當 $\mu > 0$ 時，P 會隨時間的經過而急遽增加。

存活數 P 隨參數不同的差異

增

這就相當於蝦夷鹿存活數越增越多的狀況。

成群結隊

當 μ 的值增大時，增加的速度又更快了。

增加速度更快

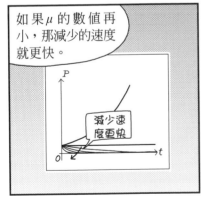

也有 $\mu < 0$ 的情況，

減

P 會隨時間越來越少。

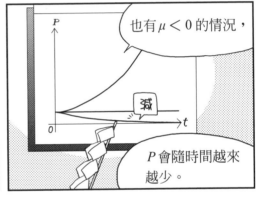

如果 μ 的數值再小，那減少的速度就更快。

減少速度更快

果然圖像化之後就很容易掌握整體的變化狀況呢。

最好養成圖像化的習慣唷。

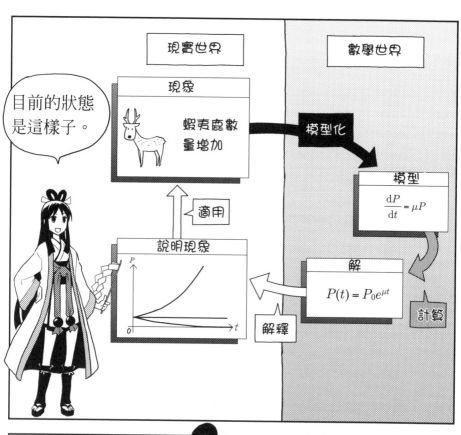

蝦夷鹿的數量變化數據是這樣。

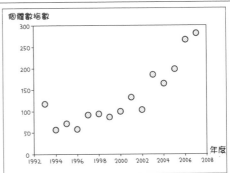

以光感應器所觀察的
北海道西部地區蝦夷鹿個體數指數的變化

個體數指數

年度

※根據「蝦夷鹿個體數指數的變化圖表」所製作。
注意，這裡的存活數量爲暫定值，會有推測誤差值。

出處：北海道廳環境生活部環境局

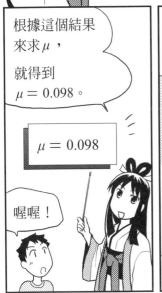

根據這個結果來求 μ ，

就得到
$\mu = 0.098$ 。

$\mu = 0.098$

喔喔！

另外，在2000年度時推測約有 6 萬頭鹿，

$P_0 = 6$ 萬

所以我們就設初始條件爲時刻 t 在 2000 年的時候，

原來如此。

P_0 就爲 6 萬。

根據預測，若是按照這種趨勢一直增加下去，則每七年就會增加爲二倍。

這樣應該還好吧？

七年增加爲二倍…

是嗎？

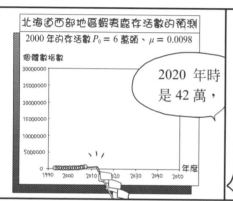

北海道西部地區蝦夷鹿存活數的預測

2000 年的存活數 P_0 = 6 萬頭、μ = 0.0098

2020 年時是 42 萬，

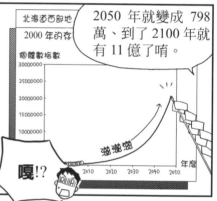

北海道西部地

2000 年的存

2050 年就變成 798 萬、到了 2100 年就有 11 億了唷。

嘎!?

可別小看指數函數，

如果這套模型足以說明現象的話，

在下個世紀，蝦夷鹿王國就要來臨了！

蝦夷鹿王國

嗄上到處都是蝦夷鹿!!

早安

早安

噫…

這是什麼景象

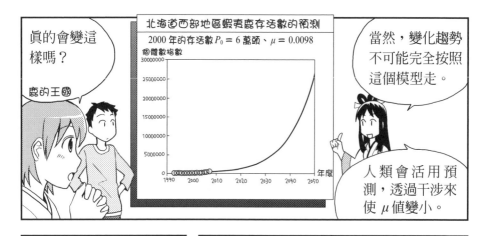

眞的會變這樣嗎？

鹿的王國

北海道西部地區蝦夷鹿存活數的預測

2000 年的存活數 $P_0 = 6$ 萬頭、$\mu = 0.0098$

個體數指數

當然，變化趨勢不可能完全按照這個模型走。

人類會活用預測，透過干涉來使 μ 值變小。

之後如果所發生的現象或條件產生變化，就必須重新檢討模型與解的解釋了。

？

即使沒有人爲的干涉，蝦夷鹿的數量也應該要漸漸偏離指數函數才對。

因爲糧食不足，增加率就會減小，

最後應該就會固定在某個常數上才是。

東西都被吃光，沒有糧食了

這樣啊…原來如此。

鹿的王國幻滅了…

這麼想看鹿的王國嗎？

真可惜…

是有點想看啊…

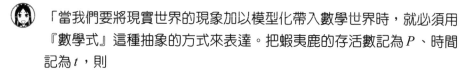

「當我們要將現實世界的現象加以模型化帶入數學世界時，就必須用『數學式』這種抽象的方式來表達。把蝦夷鹿的存活數記為 P、時間記為 t，則

$$\frac{\mathrm{d}P}{\mathrm{d}t} = \mu P$$

這道微分方程式就是表達出『蝦夷鹿存活數的增加率 dP/dt 與蝦夷鹿的存活數 P 成正比』的模型。」

「對耶。」

「但是在抽象化之後的數學世界中，P 代表蝦夷鹿的存活數這點，完全不是我們感興趣的對象。」

「這樣感覺很沒意思呀…」

「絕非如此！這就表示，用相同微分方程式來表示的模型，只要這模型具有相吻合的實際現象，P 就可以用來代表任何事物。以現在這個例子來說，只要 dP/dt 與 P 成正比，P 就可以是任何東西。」

「比方說『世界人口』或者『暢銷商品的普及率』之類的？」

「也可以是『細菌的繁殖過程』。有太多太多現象都可以用『某種數值的增加率與這個數值本身成正比』來說明了。」

「大家都知道，世界人口正不斷增加中。」

「就是人口爆發的議題吧。」

「其實問題並不在於人口的增加，而是在於它以指數函數在增加。說極端點，如果僅僅是人口以指數函數的方式來增加，這都還不是問題。真正的問題在於，人類所能使用的資源，並沒有以指數函數的方式增加。」

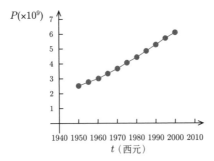

世界人口以指數函數在增加中

◆世界人口[1]

「也難怪資源會匱乏呢！」

「沒錯！比方說，雖然人不吃東西就無法生存，但食物原料的生產量並沒有以指數函數增加。當人口以指數函數的方式增加時，數量會隨著時間不斷倍增上去。但另一方面，在食物原料增產的方法上，雖然能夠增加農田與牧場的面積來提昇生產效率，但農田與牧場都沒辦法不斷倍增上去呀。」

「的確如此（汗）。」

「再怎麼拼命，頂多也只能在各期間內添加固定的量吧[2]。要讓生產效率不斷倍增提昇，就又更難了。換句話說，人口的增加方式與食物原料的增加方式有本質上的差異，每人平均的食物原料份量不單會逐漸減少，隨著時間的流逝還會急遽減少下去[3]。」

「這樣遲早會面臨到飢餓的問題呀[4]。」

「人口的增加方式與食物原料生產的增加方式的趨勢並不相同，第一個提出這個看法的，就是馬爾薩斯。」

「馬爾薩斯…先生？」

1　資料出處：聯合國、World Population Prospects：The 2008 Recision
2　雖然感覺起來地球上的土地很廣大，但能夠被利用的土地卻意外地少。另外，即使有了土地，還會有水、日曬、氣溫等問題。
3　也可以稱作等比級數的變化與等差級數的變化。不斷加倍增加的屬於等比級數變化，以固定數量增加的則屬於等差級數變化。
4　其實已經不是「遲早」的問題，在某些地區可能已經開始發生了。觀察現今世界的狀態就可以知道，世界整體並不會均等地進入飢餓狀態，而是會從貧窮地帶開始鬧起飢荒。

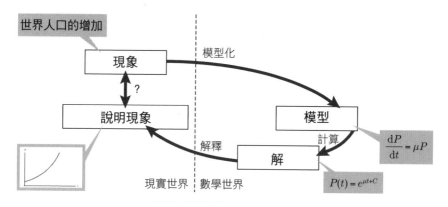

◆說明世界人口的增加現象

「人口的增加率 dP/dt 與人口 P 成正比，這就是所謂的『馬爾薩斯法則』。這個模型是在說：設時間為 t、人口為 $P(t)$，則人口的增加率 $dP(t)/dt$ 與人口 $P(t)$ 成正比。它的微分方程式，如果設比例常數為 μ 就可以寫成這樣：

$$\frac{\mathrm{d}P}{\mathrm{d}t} = \mu P \quad \leftarrow \text{記述人口增加的微分方程式}$$

參數 μ 稱作增殖率，也稱作馬爾薩斯參數[5]。」

「像細菌這樣的微生物，在單位時間內其個體數的增加率 dP/dt 也同樣與個體數 P 成正比。若是寫成微分方程式就是

$$\frac{\mathrm{d}P}{\mathrm{d}t} = \mu P \quad \leftarrow \text{記述細菌個體數增加的微分方程式}$$

」

「好像細菌增加的速度會比較快吧？」

「當然。細菌跟人類比起來可說是以飛速在增加的，因此增殖率 μ 的數值比人類還大唷[6]。」

5　參數是 parameter，注意不要與係數搞混了。
6　以大腸菌來說，只要條件良好，又能夠處在會加倍增加的對數生長期的話，只要 20 到 30 分鐘就能增加一倍。這段時間就稱作世代時間。

完全不同的現象，背後卻有某種共通的法則！

模型

$$\frac{\mathrm{d}P}{\mathrm{d}t} = \mu P$$

由於它們都屬於「個體數的變化」，

因此或許即便用相同模型來說明也不會讓人感到奇怪。

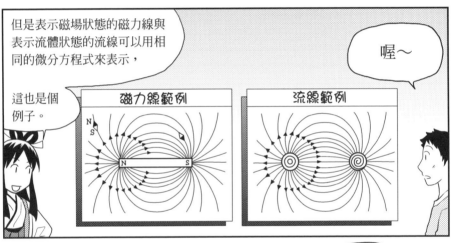

但是表示磁場狀態的磁力線與表示流體狀態的流線可以用相同的微分方程式來表示，

這也是個例子。

喔～

磁力線範例

流線範例

如何？
很有趣吧？

是！

分離變數型微分方程式是非常基本而重要的方程式，你要自己解解看作複習唷。

謝謝您！

姬神大人！

6. 放射性衰變

■現象

北海道具有許多如蝦夷鹿這樣的野生動物，而且當地人類的歷史悠久也是為人所知的。在北海道各地都能發現到許多遺跡，其中還有一萬年以前的舊石器時代器物。但是，我們是怎麼知道這些遺跡超過一萬年以上呢？在考古學中，能夠根據地層順序（或稱作層序）、樹木年輪等許多證據交錯來推斷年代，其中最有力的手法，就是利用放射性物質衰變速度的測年法[1]。

講到放射性物質好像給人一種危險的感覺，但其實放射性物質在自然界當中是以固定比例存在著，是平常就存在於我們四周的東西[2]。年代量測常被使用的物質，就是構成包含我們在內的生物形體的共同元素之一：碳。

溯本追源起來，構成我們身體的碳是來自植物的光合作用、吸收大氣中的二氧化碳而來的。這就表示，如果有種像時鐘的東西，當植物吸收進碳時就會啟動，我們就可以知道這株植物是生存在什麼時期了。再來，由於動物會吃這些植物並進而吸收碳來維生，因此我們也大致可以知道攝食這些植物的動物（以及進一步獵食這些動物的動物）是生存在什麼時期。但是，真的那麼剛好，在碳當中就有這種像時鐘之類的物質存在嗎？有的。

碳的同位素[3]碳14[4] $^{14}_{6}C$ 是由宇宙中射向地球的輻射線與上層大氣的原子衝突所產生的中子，再與大氣中的氮 ^{14}N 起反應而不斷生成。這樣產生的碳14與氧化合後會形成二氧化碳，擴散在大氣之中。

這種碳14沒有辦法長時間穩定地存在，最終它會放出輻射線而變換為其他元素[5]。包括碳14在內，這種放射出輻射線而轉變為其他元素的現象

1　其他還有熱釋光測年法、電子自旋共振法等等，但想法是一樣的。
2　當然也存在著人工合成的放射性物質。另外，雖然說放射性物質存在於自然界中，但量如果太多也會有危險。不只是放射性物質，像化學物質也不能說因為它存在於自然界中就一定比較安全。
3　指的是元素相同，但質量數不同的原子，英文寫成 isotope。各種同位素原子核當中的質子數量相同，但中子數量相異。
4　質量數為14的碳。常見的碳是 $^{12}_{6}C$，其質量數為12。另外，碳的原子序數為6。
5　它會放射出 β 射線（高能量電子）而轉變為氮14。

我們就稱為放射性衰變，而會放射性衰變的同位素就稱為放射性同位素。放射性同位素會以固定的機率進行衰變。由於放射性衰變後會變成其他元素，因此原本放射性同位素的數量（如果沒有新的補充進來的話）就會越來越少。放射性同位素因原子衰變而使數量減少為一半所要經過的時間稱為半衰期[6]，每種放射性同位素都有自己固定的半衰期數值。以碳14來說，其半衰期為5730年。碳即使與氧起化學反應變成二氧化碳，而被植物、動物所攝取吸收後（這也屬於化學反應），也同樣會產生放射性衰變。因此如果沒有新的補充進來，碳14每5730年會減少為一半。

但是正如前面所述，地球上的碳14會由上層大氣不斷補充進來，而且衰變所減少的數量與補充所增加的數量剛好相消，使得大氣中（以二氧化碳形式）存在的碳14數量大致維持固定[7]。換句話說，大氣當中的碳14與碳12的比例就會保持固定[8]。

由於含有碳14的二氧化碳與含有碳12的二氧化碳，其化學性質是一樣的[9]，所以植物會一視同仁地以光合作用吸收進來。在進行著光合作用的（活）植物細胞中，碳12與碳14的比例應當與大氣當中的比例相同。這就表示，只要細胞還有在進行光合作用，這個細胞內的碳14對碳12的比例也會保持固定。

但是，當細胞不再進行光合作用時，這株植物就不再會從大氣中補給新的碳14進來，因此碳14對碳12的比例就會開始變小。換句話說，當植物不再吸收碳進來時，時鐘就開始啟動了。之所以會不再進行光合作用，有可能是因為枯萎、化為木纖維[10]、被動物攝食等等。這就表示，無論是植物或動物，只要調查生物遺體內碳14對碳12的比例，就能夠知道其光合作用是何時結束的。

---

6 既有只存在於一瞬間的放射性同位素、也有如佔了天然鈾大部分的鈾238 $^{238}_{92}$U這樣，半衰期長達45億年的物質。另外，用於核能發電與核子兵器的鈾235 $^{235}_{92}$U半衰期為7億年。

7 這個道理就像從向上的電扶梯一直往下跑時，只要速度相同你就可以一直保持在同樣高度上。好孩子可不要模仿唷。

8 嚴格來說並不是完全固定。因此年代量測的正確性就會變差，對於判定出來的年代也會有所爭議。

9 物理性質則有不同。比如說，由於碳14的質量大了二個中子，其擴散速度就會比較慢。

10 以樹木來說，越往年輪的內側走，碳14的比例會越小。

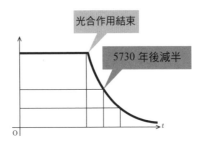

在光合作用前數量維持固定，光合作用結束後則每隔 5730 年會減少爲一半。倒推過來，如果我們能知道碳 14 對碳 12 的比例，就能知道光合作用是何時結束的。

◆**生物體內中含有碳 14 對碳 12 的比例。**

　　好，剛剛我們寫過「放射性同位素會以固定機率衰變」，但若觀察某種放射性同位素的單一原子時，則我們其實無法知道這個原子究竟何時會放射性衰變的。有可能它會馬上就衰變，也有可能要到很久以後。單一原子衰變的時機是隨機的。但是持續觀察下去就可以確知，只要屬於像碳 14 這樣相同類型的放射性同位素，則任何原子都會以相同的機率衰變。雖然觀察單一原子時沒有辦法作預測，但觀察大量的原子後，我們就能預知，隨著時間的經過就會有固定比例的原子出現衰變。也就是說，原子數量的變化率（衰變速度）會與原子數量成正比。咦？這樣的話好像在哪聽過？沒錯，就是漫畫段落中所假設的模型：「蝦夷鹿存活數 $P(t)$ 的增加率 $dP(t)/dt$，與蝦夷鹿的存活數 $P(t)$ 成正比。」在此我們也同樣將放射性衰變加以模型化來引進數學世界中。

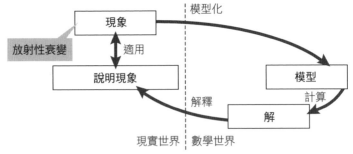

我們想說明放射性同位素的衰變現象。

◆**意圖說明放射性衰變**

98

■模型

　　那麼我們就試著來建構能說明放射性物質衰變的模型。在模型化時要留意的是，我們不需要知道這個現象「爲什麼」會發生，因爲有很多現象，即使我們不清楚它爲何會發生，也能夠知道它會如何發生。我們暫且把機制的解析先放一邊，只作現象的說明吧。相信從這當中也能明白很多事情的。

　　要說明一個現象，只要能夠明瞭這個現象是「如何」進行並能夠以模型的形式來引進數學世界中就夠了。即使我們不知道放射性衰變是如何發生的，因爲已知道原子數量的變化率與原子數量成正比，所以我們就要將它引進數學世界中。

　　設時間爲 t、放射性物質的原子數量爲 $N(t)$，則我們就可以假設出以下的模型：原子數量的變化率 $dN(t) / dt$ 與原子數量 $N(t)$ 成正比。以式子來表示，則可以設比例常數爲 λ：

$$\frac{\mathrm{d}N}{\mathrm{d}t} = -\lambda N \quad \leftarrow 記述放射性衰變造成原子數量變化的微分方程式 \quad (3.1)$$

　　原子數 N 會隨著時間而不斷減少，因此我們把比例常數 λ 視爲正數，並加上負號[11]。與計算蝦夷鹿存活數時相同，光靠這個模型是無法確知參數 λ 的數值的[12]。

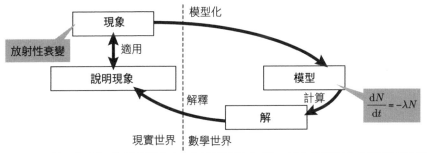

因放射性衰變而造成的原子數量變化率與原子數量成正比，因此我們就以「原子數量的變化率 $dN(t) / dt$ 與原子數量 $N(t)$ 成正比」的微分方程式來建構模型。

◆說明放射性同位素的衰變現象的模型

---

11 雖然也可以設參數內部爲負數，但用這種方式才有不斷減少的感覺吧。
12 如同後面會講到的，不同種類的放射性同位素，其衰變速度也不同，因此對應的 λ 值也不一樣。

■解

現在，我們就來解這個微分方程式吧。比較 77 頁所求的式子 $\frac{\mathrm{d}P}{\mathrm{d}t} = \mu P$ 與（3.1）式可以看出，它們的構造幾乎一樣[13]對吧？既然微分方程式的構造相同，那解的構造也會一樣。這樣一講，我們幾乎就能知道解[14]了，但在此還是解解看以作爲練習吧。

我們的目標是得出放射性物質原子數量的時間函數 $N(t)$。先確認這些變數分別位於微分方程式的哪個位置：

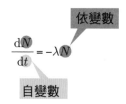

這就與前面的式子一樣都是分離變數型。將兩邊同除以 N，就成爲

$$\frac{1}{N}\frac{\mathrm{d}N}{\mathrm{d}t} = -\lambda$$

再將二邊積分。

$$\int \frac{1}{N}\mathrm{d}N = -\lambda \int \mathrm{d}t$$

這樣變數 N 就到了左邊、變數 t 則到了右邊，二個變數就被分離成各自的積分了。

$$\int \frac{1}{N}\mathrm{d}N = -\lambda \int \mathrm{d}t$$

分別求出各自的積分就可以得到：

$$\int \frac{1}{N}\mathrm{d}N = \ln\left|N\right| + C_1$$

$$-\lambda \int \mathrm{d}t = -\lambda t + C_2$$

因此積分常數總結起來就爲：

$$\ln\left|N\right| = -\lambda t + C$$

---

13 意思就是説，它們只是變數換掉而已。
14 相當於 85 頁圖形中 $\mu < 0$ 的情況。

放射性物質原子數量的時間函數 $N(t)$ 就為 [15]

$$N(t) = e^{-\lambda t + C} \quad \text{微分方程式的解} \tag{3.2}$$

這樣我們就解出微分方程式了。

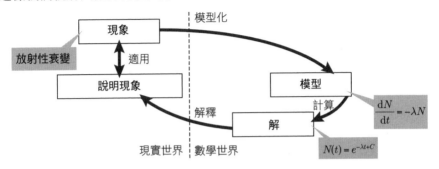

解出微分方程式，得知放射性物質的原子數量對時間的變化是以指數函數表示。

◆說明放射性同位素的衰變現象的模型的解

■解釋

接下來要確立積分常數。設時刻 $t = 0$ 時，放射性物質的原子數量為 $N(0) = N_0$，這就是初始條件，因此根據（3.2）式，

$$N(0) = e^c$$

所以

$$N_0 = e^c$$

表示放射性物質原子數量的函數就可以寫成：

$$N(t) = N_0 e^{-\lambda t} \tag{3.3}$$

既然積分常數確定了，我們就設一個參數 λ，以圖形畫出放射性物質的原子數量 N 對時間 t 的變化。以現在的情況來說，由於 $\lambda > 0$，所以原子數量會持續減少。

---

15 要注意，由於 N 是放射性物質的原子數量，所以 N 恆大於 0。

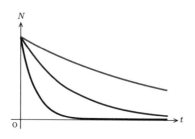

參數λ越大，衰變速度越快。這裡畫的是對應三種λ值的三條曲線。

◆放射性物質原子數量 N 對時間 t 的變化表示圖

　　參數λ如果變大，原子的數量會減少得更快（上圖畫有三種λ值所對應的三條曲線）。不同種類的放射性同位素其衰變速度也不同，較快衰變的放射性同位素λ值較大，緩慢衰變的放射性同位素則值較小。λ表示衰變的快慢程度，因而被稱爲衰變常數。只要去調查實際的放射性同位素、得知其衰變常數的話，我們就可以知道什麼時候大概會有多少原子殘留下來，如此就可以說明將來與過去的現象。

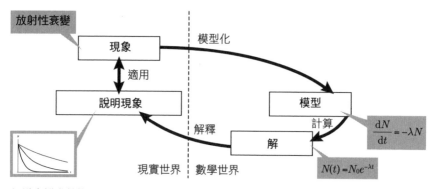

知道衰變常數的話，就可以知道什麼時候大概會有多少原子殘留下來，藉以預測未來。

◆說明放射性同位素衰變現象的模型，對於其解的解釋

　　現在來把半衰期與衰變常數的關係也找出來吧！半衰期如果是寫爲 $t_{1/2}$，則時刻 $t = 0$ 的放射性物質原子數量爲 N_0，到了時刻 $t = t_{1/2}$ 時就會變爲 $N_0 / 2$。因此式子就可以寫成：

$$\frac{N_0}{2} = N_0 e^{-\lambda t_{1/2}}$$

所要求的半衰期就是這裡 $t_{1/2}$ 的解，就為

$$t_{1/2} = \frac{\ln|2|}{\lambda} \sim \frac{0.69}{\lambda}$$

也就是說，半衰期與衰變常數的倒數成正比。

不過，我們所能夠測量的，其實是輻射能的強度[16]。輻射能強度與單位時間內衰變的原子數量（原子數量變化率）成正比，因此它也與原子數成正比。換句話說，我們並不能直接測量到衰變常數，而必須透過輻射能強度隨時間減少的情況來求得衰變常數。

由於放射性物質會射出輻射線而衰變成其他元素，這種輻射能的變化我們知道會如（3.3）式一樣，因此對於已知半衰期（也就是衰變常數）的放射性同位素，只要能知道它現在的數量 N 相對於過去某一時刻的數量 N_0 的比例（也就是輻射能強度的比例 N/N_0）的話，就能知道這中間的時間間隔 t。

$$\frac{N}{N_0} = e^{-\lambda t}$$
$$\therefore t = \frac{\ln|N/N_0|}{-\lambda}$$

這實在太棒了。只要能找出古代遺跡所出土的古物的 N/N_0，就能知道它是什麼時候製作出來的了[17]。

古代遺跡所出土的物品如果是木製品，我們就可以知道這棵樹木是何時停止行光合作用的。雖然這不一定能確知木頭被砍下或被加工成品的年代，但只要那個年代的人不要刻意使用遠古的木頭，對於推測這個遺跡的年代還是有用的[18]。

---

16 量測的器具是使用談到輻射線常常出現的蓋革－米勒計數器，或者閃爍偵檢器（scintillation counter）。要簡單得知輻射曝照量的話則會使用膠片佩章（film badge）。

17 正確來說，應該是它何時停止光合作用才對。

18 像這樣利用放射性同位素作年代量測，年代越遠越難量測。碳 14 的半衰期為 5730 年，因此它的減少量是大約六千年減少一半、一萬二千年會減為 1/4，經過六萬年便減少到 1/1000。量越減少，就越難正確地量測它。能夠測量到碳 14 的物質大概在數萬年之內，如果比這古早太多的就無法確知了。對於岩石，則還有其他辦法可以推測更遠的年代。

從前面我們可以看到，說明馬爾薩斯法則與放射性衰變二種迥異的現象的微分方程式，在數學上是表示為同一種型態的。前面我們所作的分離變數型，是微分方程式的基本。方程式當中所含有的二個變數能夠各自以積分的形式分離開來，既然能夠進行積分，就能夠解出微分方程式。雖然解法十分簡單，但許多現象都可以寫作這種型態的微分方程式。

它還能說明物體被冷卻時溫度隨時間的變化（牛頓冷卻定律，參考附錄1）、計算火箭的到達速度（齊奧爾科夫斯基火箭方程，參考附錄2）、表示受到刺激時感覺量的變化（費希納定律，參考附錄3）等等，許多現象都可以用分離變數型的微分方程式來表示。數學世界當中型態相同的模型，在現實世界中卻能說明許許多多的現象，這有沒有讓你感受到某種神秘性呢？

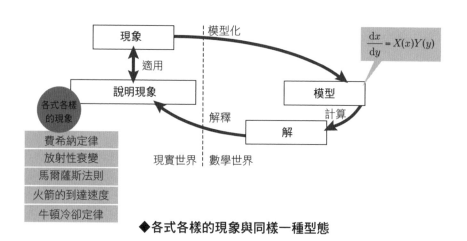

◆各式各樣的現象與同樣一種型態

對了，在91頁講到馬爾薩斯法則的時候，我們使用了世界人口持續增加的議題為例。但是，近來的人口增長率事實上是持續低落中的。

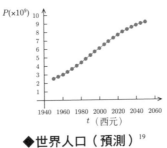

◆世界人口（預測）[19]

大體說來，如果人口一直以指數函數的方式增加，最後全球人類的質量就會超過地球的質量。再怎麼說這也是不可能的吧！雖然馬爾薩斯法則能夠說明局部的現象，但它卻會逐漸脫離現實。不只在人類的情況如此，

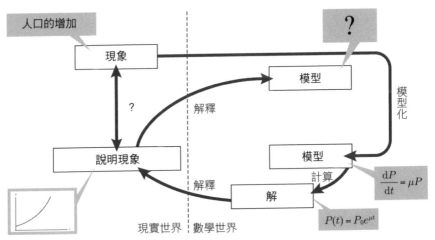

我們欲說明的人口增加現象，在近來，增加率有所低落，但解微分方程式所得到的結果卻是增加率持續上升。我們無法滿足於這樣的結果，因此要修正模型，再一次回到數學世界中。

◆人口增加模型的修正

19 資料出處：聯合國、World Population Prospects: The 2008 Revision

就連用培養皿所培養的細菌也是。一開始牠們會以指數函數的方式增殖，但是當牠們增加到無法從培養基獲得養分時就無法再增殖下去，增加率便會減低。如果要將模型使用在比較廣泛的範圍中，我們就必須修正這個模型。

當我們想要說明某種現象時，就要將現實世界的現象引進數學世界，解釋在數學世界中所得到的結果，試著藉以說明現象。如果獲得了我們想要的結果，那事情就結束了。但如果有什麼不足之處，就要再一次回到數學世界裡去修正模型，重複解式子、作解釋的程序，這樣才能獲得更加精密的解。每重複一次程序，就會得到比之前更高的精密度，因此距離目標就越來越近。如果這樣還是無法妥協，就要再重複一次，並對差距進行檢討。

接著來看看人口增加的例子。當人口越來越多，對於生活環境的影響也會極大。如果生活環境開始惡化（變得不易居住），則增加率應當會下降。因此馬爾薩斯參數就要改寫成當人口 P 增加時會越來越小才是。設 K 為常數，則參數改寫為：

$$\mu\left(1-\frac{P}{K}\right)$$

微分方程式就會變成

$$\frac{\mathrm{d}P}{\mathrm{d}t} = \mu\left(1-\frac{P}{K}\right)P \quad \leftarrow 修正過的記述人口增加的微分方程式 \qquad (3.4)$$

將式（3.4）的右邊全化成分母為 K 的形式，就會變成

$$\frac{\mathrm{d}P}{\mathrm{d}t} = \mu\frac{(K-P)P}{K}$$

這乍看有些不好懂，但可以看出它是分離變數型。

$$\frac{\mathrm{d}P}{\mathrm{d}t} = \mu\frac{(K-P)P}{K}$$

對它作變數分離，就會變成

$$\int\frac{\mathrm{d}P}{(K-P)P} = \frac{\mu}{K}\int\mathrm{d}t$$

接下來我們想實行的這個積分，雖然右邊沒問題，但左邊看來卻很麻煩。這時有個常被使用的方便技巧。我們可以將左邊的積分函數改寫成

$$\frac{1}{(K-P)P} = \frac{1}{K}\left(\frac{1}{P} + \frac{1}{K-P}\right)$$

也就是通分的反向操作。這就稱為「部分分式展開」。

$$\frac{1}{K}\left(\int \frac{1}{P}\mathrm{d}P + \int \frac{1}{K-P}\mathrm{d}P\right) = \mu \int \mathrm{d}t$$

這樣一來，各項就能如過去我們所見的那樣去進行積分了。

將括號內的二個積分，如果設 $s = K - P$，則由於 $\mathrm{d}s/\mathrm{d}P = -1$，就會變成

$$\int \frac{1}{K-P}\mathrm{d}P = \int \frac{1}{s}\frac{\mathrm{d}P}{\mathrm{d}s}\mathrm{d}s = -\int \frac{1}{s}\mathrm{d}s = -\ln s = -\ln(K-P)$$

（這稱為「代換積分法」），因此整體就會變成 [20]

$$\ln P - \ln(K-P) = \mu t + C$$

根據對數的性質，

$$\ln\left(\frac{P}{K-P}\right) = \mu t + C$$

因此將指數函數改寫後，就可以寫成

$$\frac{P}{K-P} = e^{\mu t + C}$$

解 P 就得到

$$P(t) = \frac{Ke^{\mu t + C}}{1 + e^{\mu t + C}} \qquad \leftarrow 修正後的微分方程式的解 \qquad (3.5)$$

這就是我們要求的東西。

設 $t = 0$ 時的人口為 P_0，則由於

$$P_0 = \frac{Ke^C}{1 + e^C}$$

因此

$$e^C = \frac{P_0}{K - P_0}$$

將這個代入（3.5）式整理後可以得到

$$P(t) = \frac{KP_0 e^{\mu t}}{K + P_0(e^{\mu t} - 1)} \qquad (3.6)$$

---

20 P、$K-P$ 都為正數。

所得出的解也有些複雜，這時，從極端的情況來作思考可說是個訣竅。比方說，將 $t = 0$ 代入（3.6）式，就得到 $P(0) = P_0$。這就是所給的初始條件。我們想取 $t \rightarrow \infty$ 的極限，但直接從（3.6）式來看並不清楚，因此我們將分子分母分別乘以 $e^{-\mu t}$ 來作個整理，

$$P(t) = \frac{KP_0}{(K - P_0)e^{-\mu t} + P_0} \tag{3.7}$$

這樣作 $t \rightarrow \infty$ 的極限操作後就可以得到 $P_\infty = K$。也就是說，這個解會形成一條從 $P(0) = P_0$ 開始上升，一直到 $P_\infty = K$ 而飽和的曲線。我們來畫一下解的曲線。

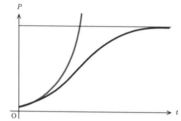

一開始會如指數函數（灰色線）般增加，但增加率會漸漸趨緩，最後將飽和在某個固定值上。

◆修正後的人口增加模型的解曲線

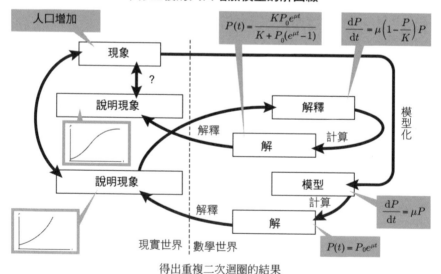

得出重複二次迴圈的結果

◆修正後的人口增加模型

像這樣的模型，我們就稱作羅吉斯模型（logistic model）。它不但能說明人口增加的現象，還能有效說明工業製品的普及狀況。

這章我們談的是分離變數型的微分方程式，在此我們以更一般性的角度來看它。

一階微分方程式

$$\frac{\mathrm{d}y}{\mathrm{d}x} = F(x)G(y) \tag{3.8}$$

右邊是 x 的函數 $F(x)$ 與 y 的函數 $G(y)$ 的積。這樣型態的微分方程式，由於能夠將二個變數 x、y 分別分離在左邊與右邊，因此稱為分離變數型。

將（3.8）式的二邊同除以 $G(y)$，就變成

$$\frac{1}{G(y)} \frac{\mathrm{d}y}{\mathrm{d}x} = F(x)$$

再將二邊對 x 做積分：

$$\int \frac{1}{G(y)} \frac{\mathrm{d}y}{\mathrm{d}x} \mathrm{d}x = \int F(x)\mathrm{d}x + C$$

左邊的積分可利用代換積分法寫成

$$\int \frac{1}{G(y)} \frac{\mathrm{d}y}{\mathrm{d}x} \mathrm{d}x = \int \frac{1}{G(y)} \mathrm{d}y$$

於是設積分常數為 C，就可以得到

$$\int \frac{1}{G(y)} \mathrm{d}y = \int F(x)\mathrm{d}x + C \tag{3.9}$$

可以看出，左邊只有變數 y 的微分 $\mathrm{d}y$ 與僅含有變數 y 的函數 $G(y)$，右邊只含有變數 x 的微分 $\mathrm{d}x$ 與僅含有變數 x 的函數 $F(x)$，變數被分離至左邊與右邊了。既然變數可以這樣分離，接下來就只要執行積分即可。雖然如此，我們也可能無法用解析的方式得出解來。但是我們可以使用電腦來獲得數值上的解。如果能讓它具備（3.9）式的形狀，就差不多可以得到解了。

如上所述，一道微分方程式如果能化為分離變數型，則幾乎就等同於已經求出解，因此分離變數法是解微分方程式時的基本手法。某些型態即使乍看不像是分離變數型，也有辦法透過巧妙的變數變換而達成變數分離。

第 **4** 章
一階非齊次線性微分方程式
參數變異法
～雲正往下掉～

霧濛濛…

可是這位怎麼又來啦？

請保佑我的店生意興隆
請保佑我太太趕快回家

愁雲慘霧…

真是的，就說這不是我的專門…

那表情跟今天天氣一個樣

教宮神社

……

今天起霧了。

這種天氣不好的日子，
照說參拜的人會更少而變得更無聊才是…

突然覺得滿開心的。

偷偷摸摸

想求想求

咳　啊！

拜託
拜託

加油啊。

嗚！

鼻頭一動

這甜美的香味是…

今天的點心是餅乾～

全身酥軟

這是在我家附近的麵包店買的，非常好吃唷。

哈哈

你對這些美食還真是精通呀…

好香呀～

先唸書！

不准偷吃！

嗚…我知道啦！！

好啦，

之前我們看過「越增越多、越減越少」的模型了。

保管中

趕快講一講趕快結束

是。

用分離變數法所能夠解出的微分方程式，我們要以它們的解作爲線索，

挑戰說明更爲複雜的現象。

是！

Step UP !

分離變數法

分離變數法

1. 現象

現在我們就以這個「正從天空落下」的東西來作說明吧。

咦？

…哪有什麼東西掉下來？

霧啦！霧！

霧不是水蒸氣嗎？

霧、雨、雲都是水滴唷。

可不是水蒸氣唷

那這個霧也還在往下掉嗎？

怎麼看都不像耶…

感覺只是聚集在四周

霧茫茫

這是因為它的速度很慢。

反過來，也有像雷陣雨這樣急速落下的雨呀。

唰———

是呀…

這種情況是不是在不帶傘的時候就會剛好撞見呀？

為什麼落下的速度會不一樣呢？

慢

快

霧

雷陣雨

是不是因為霧的水滴比較小、雷陣雨的水滴比較大呀？

駒…

你剛才講說掉得比較快是因為比較大？

嗚！

如果作用在水滴上的力只有重力的話，

所有從相同高度落下的水滴，速度都一樣唷。

這樣吊下去會如何呢？

Galileo Galilei

嗚嗚嗚…

大地哥加油～

對啦！

空氣阻力啦！

沒錯，在空氣中落下的水滴會受到空氣阻力的影響。

空氣阻力有二種，

運動中的物體被空氣拖拉著所產生的「黏滯阻力」，

以及運動中的物體與空氣正面衝突所產生的「慣性阻力」。

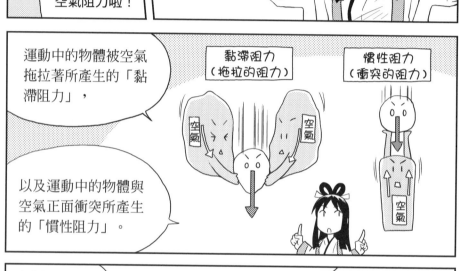

黏滯阻力
（拖拉的阻力）

慣性阻力
（衝突的阻力）

空氣

空氣

空氣

它們同樣屬於阻力，對物體的運動往相反方向起著阻礙的作用。

另外，黏滯阻力與物體的速度成正比，慣性阻力則與速度的平方成正比。

嗯嗯。

阻力

速度

物體

重力

所以說速度越快阻力越大囉？

沒錯。

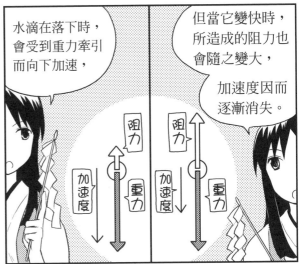

水滴在落下時，會受到重力牽引而向下加速，

但當它變快時，所造成的阻力也會隨之變大，

加速度因而逐漸消失。

阻力

阻力

加速度

重力

加速度

重力

而阻力的大小不可以超過重力的大小，因此…

原來如此～

重力

阻力

最終會維持在固定的速度上吧。

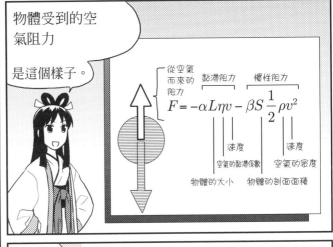

物體受到的空氣阻力是這個樣子。

從空氣而來的阻力　黏滯阻力　慣性阻力

$$F = -\alpha L \eta v - \beta S \frac{1}{2} \rho v^2$$

速度

空氣的黏滯係數

物體的大小

速度

空氣的密度

物體的剖面面積

？

這個 α 與 β 是？

$$-\textcircled{\alpha} L \eta v - \textcircled{\beta} S \frac{1}{2} \rho v^2$$

是由物體的形狀所決定的常數。

水滴會因為表面張力的影響而形成球狀，

所以我們就設它為半徑 r 的球體吧。

快速落下的水滴會破掉，但當剛開始降落時我們可以把它想成是球體。

半徑

不是淚滴狀囉

r

那 L 與 S 會變成什麼？

$$-\alpha \boxed{L} \eta \upsilon - \beta \boxed{S} \frac{1}{2} \rho \upsilon^2$$

嗯…

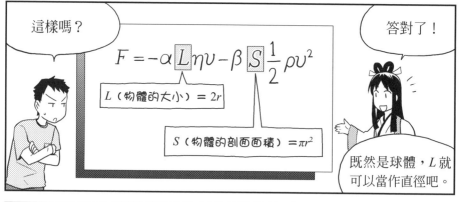

這樣嗎？

$$F = -\alpha \boxed{L} \eta \upsilon - \beta \boxed{S} \frac{1}{2} \rho \upsilon^2$$

L（物體的大小）$= 2r$

S（物體的剖面面積）$= \pi r^2$

答對了！

既然是球體，L 就可以當作直徑吧。

而當物體的形狀為球體時，

就可以設 $\alpha = 3\pi$、$\beta \approx \frac{1}{2}$。

喔～

所以說…

空氣所造成的阻力就是這樣。

$$F = -6\pi\eta r \upsilon - \frac{1}{4}\pi\rho r^2 \upsilon^2$$

原來如此！

首先取慣性阻
力對黏滯阻力
的比，

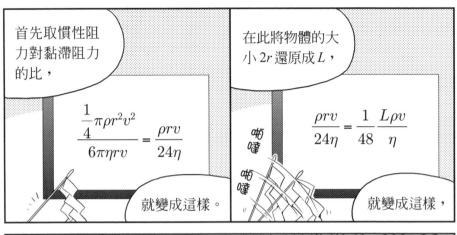

$$\frac{\frac{1}{4}\pi\rho r^2 v^2}{6\pi\eta rv}=\frac{\rho rv}{24\eta}$$

就變成這樣。

在此將物體的大
小 2r 還原成 L，

$$\frac{\rho rv}{24\eta}=\frac{1}{48}\frac{L\rho v}{\eta}$$

就變成這樣，

這邊出現的
$L\rho v\,/\,\eta$

$$=\frac{1}{48}\frac{L\rho v}{\eta}$$

就稱作雷諾數。

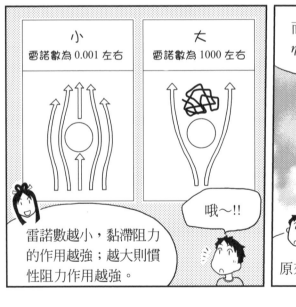

小	大
雷諾數為 0.001 左右	雷諾數為 1000 左右

哦～!!

雷諾數越小，黏滯阻力
的作用越強；越大則慣
性阻力作用越強。

而大氣的 $\rho=1.2\ \mathrm{kg/m^3}$、
$\eta=1.8\times10^{-5}\ \mathrm{Pa\cdot s}$。

所以 L 大概在 0.1mm
左右就是分辨黏滯阻
力強還是慣性阻力強
的分界點了。

原來如此…

	半　徑
雨滴	$1000\mu m$ (=1mm)
雲滴	$10\mu m$ (=0.01mm)

※$1\mu m = 10^{-6}m$

2. 模型

$$m\frac{\mathrm{d}v}{\mathrm{d}t} = mg - 6\pi\eta rv - \frac{1}{4}\pi\rho r^2 v^2$$

不過，以雲滴來說，寫成這樣就可以了。

$$m\frac{\mathrm{d}v}{\mathrm{d}t} = mg - 6\pi\eta rv$$

所以只考慮黏滯阻力而已囉。

把它整理一下…

$$m\frac{\mathrm{d}v}{\mathrm{d}t} = mg - 6\pi\eta rv$$

將兩邊同除以質量m

$$\frac{\mathrm{d}v}{\mathrm{d}t} = g - \frac{6\pi\eta rv}{m}$$

這就是雲滴運動的微分方程式！

為了使式子便於觀看，我們將速度以外的量統整為

$$\nu = \frac{6\pi\eta r}{m}$$

喔喔

出現了!!

雲滴的運動微分方程式

$$\frac{\mathrm{d}v}{\mathrm{d}t} = g - \nu v$$

好!!讓我來解解看!!

讓你們瞧瞧我唸書的成果!

大地哥加油!

握拳

喔~

……

$$\frac{dv}{dt} = g - \nu v$$

解不出來。

$$\frac{dv}{dt} = g - \nu v$$

鬱卒～

喔

有 g 妨礙著，所以沒辦法化成分離變數型…

別那麼灰心～

哎呀，所以這次我們就要來提昇能力嘛～

這傢伙

$$\frac{dv}{dt} = g - \nu v$$

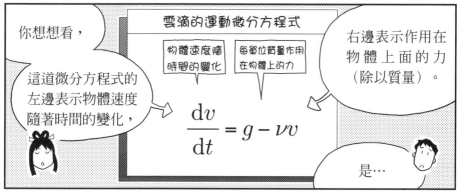

你想想看，

這道微分方程式的左邊表示物體速度隨著時間的變化，

雲滴的運動微分方程式

物體速度隨時間的變化

每單位質量作用在物體上的力

右邊表示作用在物體上面的力（除以質量）。

$$\frac{dv}{dt} = g - \nu v$$

是…

也就是說，物體的速度會因為右邊的力而造成在時間上的變化。

然後，

$$\frac{d\upsilon}{dt} = g - \nu\upsilon$$

它顯示讓這個物體速度變化的原因，是由 g 與 $-\nu\upsilon$ 二項的和所決定。

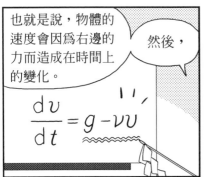

這二項當中，g 是重力加速度這個常數，

$-\nu\upsilon$ 是與物體（雲滴）速度成正比的 υ 的函數。

呃…這個…

嗯…

那我們用物理的角度來思考吧！

第一項的常數 g 代表恆常對物體作用的固定重力，

是。

換句話說它表示物體會向下作加速度運動。

126

我們設想一個在開始時為靜止的物體，

當它向下作加速度運動時，

就表示它向下的速度 v 會一直增加。

當 v 增加時，vv 就會變大、向上作用的阻力也就因而變大。

是…

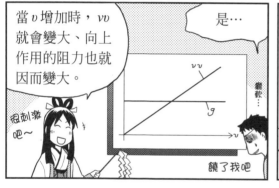

式子右邊全體表示重力與阻力的合力，

啊！

因此物體的落下速度越快，將物體向下拉的合力就越小。

最後…

最後重力與阻力就互相抵銷了！

嗯嗯～

因為阻力的大小不能超越重力的大小對吧！

剛才說到雲滴時講過!!

重力與阻力相消的物體，由於合計起來沒有力在作用，

是…

就會以固定的速度落下。

…那如果沒有重力的話會變得如何呢？我們來試著思考一下。

嘿～唷～

唉？

奸笑✧

飄

!?

起

這就是所謂的「思考實驗」。

沒有重力，意味著沒有向下的吸引力，因此一開始靜止的物體

不會直接落下，而會靜止在那邊。

靜止

哇喔喔，我浮起來囉～嗯～～

但是這樣什麼也不發生實在無趣，
我們假設他一開始會稍微移動一下吧。

啊～

呀～

設物體開始移動的速度（初速度）為v_0，則一開始就有阻力$-v v_0$作用著。

初速度v_0

阻力$-v v_0$

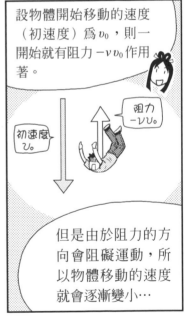

但是由於阻力的方向會阻礙運動，所以物體移動的速度就會逐漸變小…

最後停止下來。

靜

停止

妳看

太好了～

用微分方程式來表達出這些狀況吧。

由於沒有重力，第一項的 g 就沒有了，

$$\frac{\mathrm{d}v}{\mathrm{d}t} = -\nu v$$

因此運動方程式只要考慮黏滯阻力就好。

這是分離變數型耶！

喔喔

那就有辦法解了吧。

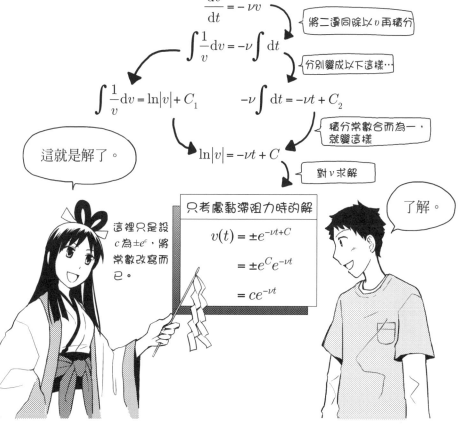

$$\frac{\mathrm{d}v}{\mathrm{d}t} = -\nu v$$

將二邊同除以 v 再積分

$$\int \frac{1}{v}\mathrm{d}v = -\nu \int \mathrm{d}t$$

分別變成以下這樣…

$$\int \frac{1}{v}\mathrm{d}v = \ln|v| + C_1 \qquad -\nu \int \mathrm{d}t = -\nu t + C_2$$

積分常數合而為一，就變這樣

這就是解了。

$$\ln|v| = -\nu t + C$$

對 v 求解

這裡只是設 c 為 $\pm e^c$，將常數改寫而已。

了解。

只考慮黏滯阻力時的解

$$v(t) = \pm e^{-\nu t + C}$$

$$= \pm e^C e^{-\nu t}$$

$$= c e^{-\nu t}$$

好啦，

由於我們設物體開始移動的速度（初速度）爲 v_0，

時刻 t

速度 v

因此時刻 $t = 0$ 時 $v(0) = v_0$。

是。

所以代入前面的式子，未定的常數就是這樣。

$$v(0) = ce^{-\nu \cdot 0} = v_0$$

$$\therefore c = v_0$$

總結起來，解就是這樣。

$$v(t) = v_0 e^{-\nu t}$$

化成圖形的話是這個樣子。

越來越慢，而且一直往零接近呢。

速度逐漸變小，不斷向零接近

因爲有空氣阻力，所以如果沒有像重力這樣的外力存在，最後就會停下來了。

就像你剛剛那樣…呼呼呼呼呼

姬神大人的臉好奸惡呀

130

另外如果初速度 v_0 為零，

由於 $v(t)=v_0e^{-vt}$，就會得到 $v(t)=0$，

▶replay

靜止

也就可以不證自明地表示出物體會一直保持靜止的解了。

▶replay

是呀…

3. 解

現實世界

數學世界

好啦，在不考慮重力的情況下，我們可以用分離變數型來求解。

現象

如雲滴這樣極小的水滴的落下方式

模型化

重力＋黏滯阻力模型

$$\frac{dv}{dt}=g-\nu v$$

只考慮黏滯阻力的模型

$$\frac{dv}{dt}=-\nu v$$

只考慮黏滯阻力的模型的解

$$v(t)=ce^{-\nu t}$$

計算

只考慮黏滯阻力的模型的現象說明

解釋

那接下來…

又是不懷好意的表情
奸笑

我們就要想辦法來修正這個解，

藉此得出我們原本想要的微分方程式解！

$$v(t) = ce^{-\nu t}$$

噹噹～～♫

咦，

這有可能做到嗎？

這個解雖然沒有考慮重力，但已經充分說明了空氣阻力的作用。

只考慮黏滯阻力的模型的解
$$v(t) = ce^{-\nu t}$$

是。

因此只要能將它加上重力的效應，

這個解就應該要滿足
$$\frac{dv}{dt} = g - \nu v$$ 才對！

重力

$$v(t) = ce^{-\nu t}$$

嗯～

$$\frac{dv}{dt} = g - \nu v$$

原本想解的微分方程式
代入假設的解 $v(t) = c(t)e^{-\nu t}$

$$\frac{d(c(t)e^{-\nu t})}{dt} = g - \nu(c(t)e^{-\nu t})$$

進行左邊的微分…

$$\frac{dc(t)}{dt}e^{-\nu t} + c(t)\frac{de^{-\nu t}}{dt} = \frac{dc(t)}{dt}e^{-\nu t} + c(t)(-\nu e^{-\nu t})$$

放回來

$$\frac{dc(t)}{dt}e^{-\nu t} - \nu c(t)e^{-\nu t} = g - \nu c(t)e^{-\nu t}$$

消去二邊的 $\nu c(t)e^{-\nu t}$

$$\frac{dc(t)}{dt}e^{-\nu t} = g$$

將 $e^{-\nu t}$ 移項後積分

$$c(t) = g\int e^{\nu t}dt$$

$$= g\frac{e^{\nu t}}{\nu} + c'$$

代入假設的解 $v(t) = c(t)e^{-\nu t}$

$$v(t) = \left(g\frac{e^{\nu t}}{\nu} + c'\right)e^{-\nu t}$$

$$= \frac{g}{\nu} + c'e^{-\nu t}$$

考慮重力及黏滯阻力時的解

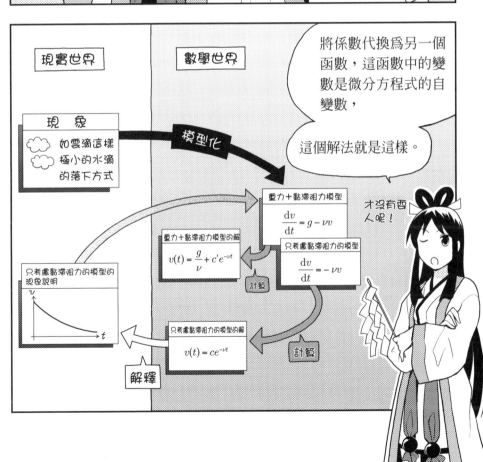

4. 解釋

好，我們來觀察一下雲滴降落的情況吧。

$$v(t) = \frac{g}{\nu} + c' e^{-\nu t}$$

初始條件設時刻 $t = 0$ 時 $v(0) = 0$，來求它的解。

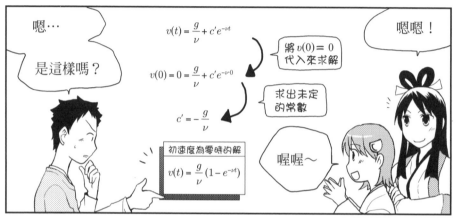

嗯… 是這樣嗎？

$$v(t) = \frac{g}{\nu} + c' e^{-\nu t}$$

將 $v(0) = 0$ 代入來求解

$$v(0) = 0 = \frac{g}{\nu} + c' e^{-\nu \cdot 0}$$

求出未定的常數

$$c' = -\frac{g}{\nu}$$

初速度為零時的解

$$v(t) = \frac{g}{\nu}(1 - e^{-\nu t})$$

嗯嗯！

喔喔～

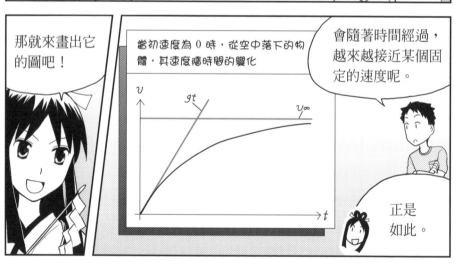

那就來畫出它的圖吧！

當初速度為 0 時，從空中落下的物體，其速度隨時間的變化

會隨著時間經過，越來越接近某個固定的速度呢。

正是如此。

這裡稱作終端速度，

終端速度

它是 $v(t) = \dfrac{g}{\nu}(1 - e^{-\nu t})$ 取時刻 t 為無限大時的極值。

無限大

∞

這個 ν

$$v_\infty = \frac{g}{\nu}$$

可以寫成帶有黏滯阻力的係數與物體質量的式子，

$$\nu = \frac{6\pi\eta r}{m}$$

因此利用這個就可以還原出黏滯阻力的係數與物體質量

就變成這樣。

終端速度

$$v_\infty = \frac{mg}{6\pi\eta r}$$

喔喔！

所以終端速度會與重量（重力的大小 mg）成正比吧！

沒錯，

當有空氣阻力時，重的物體會較快落下。

終端速度

$v_\infty = \dfrac{mg}{6\pi\eta r}$

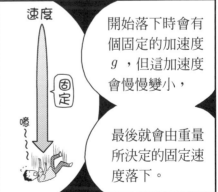

速度

開始落下時會有個固定的加速度 g，但這加速度會慢慢變小，

固定

噫～～

最後就會由重量所決定的固定速度落下。

就像前面我們假設沒有重力時的方式一樣，現在來試著假設初速度不為 0 而是 v_0。

$$v(t) = \frac{g}{\nu} + c'e^{-\nu t}$$

$$v(0) = v_0 = \frac{g}{\nu} + c'e^{-\nu \cdot 0}$$

將 $v(0) = v_0$ 代入求解

求未定的常數

$$c' = v_0 - \frac{g}{\nu}$$

$$\boxed{v(t) = \frac{g}{\nu} + \left(v_0 - \frac{g}{\nu}\right)e^{-\nu t}}$$

$$= \frac{g}{\nu}(1 - e^{-\nu t}) + v_0 e^{-\nu t}$$

初速度為 v_0 時的解

觀察剛才的這張圖，如果初速度 v_0 為正，物體就會往下移動；如果為負就會向上移動，但是⋯

無論怎麼移動，最終都會往終端速度 $mg/6\pi\eta r$ 接近呢！

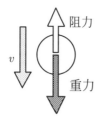

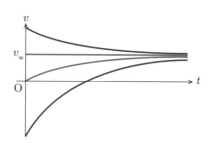

以初速度 v_0 在空氣中落下的物體，其速度隨時間的變化

好啦，
到這邊我們總算

可以說明，為什麼雲不會掉下來？

的確，雲都不會掉下來呢。

如果掉下來就糟糕了呢

明明都是水滴⋯

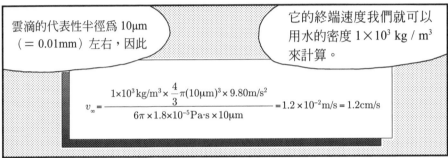

雲滴的代表性半徑為 10μm（＝ 0.01mm）左右，因此

它的終端速度我們就可以用水的密度 1×10^3 kg／m³ 來計算。

$$v_\infty = \frac{1 \times 10^3 \, \text{kg/m}^3 \times \frac{4}{3}\pi(10\mu\text{m})^3 \times 9.80\text{m/s}^2}{6\pi \times 1.8 \times 10^{-5}\text{Pa·s} \times 10\mu\text{m}} = 1.2 \times 10^{-2}\text{m/s} = 1.2\text{cm/s}$$

啊，

所以它掉得很緩慢囉。

雲

沒錯。構成雲朵的水滴是以每秒 1 公分左右的速度在往下掉，

計算結果是如此。

m/s ＝ 1.2cm/s

雲滴

1 秒 1cm

哇～

但是由於上升氣流比這個速度還快，

因此水滴雖然在空氣中往下掉，但整體而言還是在上升中。

上升氣流

就像這個樣子。

呼～喝口茶

原來如此。

換句話說，

雲滴雖然緩慢下落，但周遭空氣卻比它上升得更快，

因此雲朵就不會掉下來了吧。

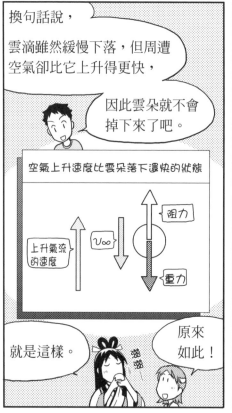

空氣上升速度比雲朵落下還快的狀態

上升氣流的速度　$v\infty$　阻力　重力

就是這樣。

原來如此！

前面我們看的是像雲滴這樣只要考慮黏滯阻力極小的物體落下的情況，

黏滯阻力　空氣　空氣

但是，

當換成是雨滴、球或人類等平常周遭的物體落下時，

跳傘ーー

大致上只要考慮慣性阻力就足夠了。

140

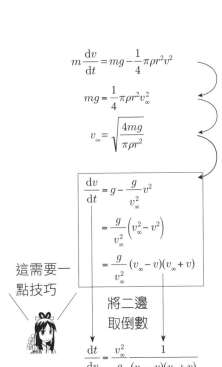

只考慮慣性阻力時的運動方程式

只考慮慣性阻力時，終端速度 v_∞ 會因為重力與阻力相抵銷，使得加速度（dv/dt）為零，

$$m\frac{dv}{dt} = mg - \frac{1}{4}\pi\rho r^2 v^2$$

$$mg = \frac{1}{4}\pi\rho r^2 v_\infty^2$$

$$v_\infty = \sqrt{\frac{4mg}{\pi\rho r^2}}$$

只考慮慣性阻力時的終端速度

$$\frac{dv}{dt} = g - \frac{g}{v_\infty^2}v^2$$

$$= \frac{g}{v_\infty^2}\left(v_\infty^2 - v^2\right)$$

$$= \frac{g}{v_\infty^2}(v_\infty - v)(v_\infty + v)$$

這需要一點技巧

將二邊取倒數

$$\frac{dt}{dv} = \frac{v_\infty^2}{g}\frac{1}{(v_\infty - v)(v_\infty + v)}$$

右邊作部分分式分解

分離變數型對吧！

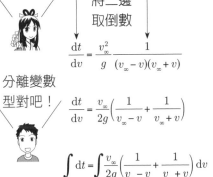

$$\frac{dt}{dv} = \frac{v_\infty}{2g}\left(\frac{1}{v_\infty - v} + \frac{1}{v_\infty + v}\right)$$

將變數分離後積分

$$\int dt = \int \frac{v_\infty}{2g}\left(\frac{1}{v_\infty - v} + \frac{1}{v_\infty + v}\right)dv$$

$$t = \frac{v_\infty}{2g}(-\ln|v_\infty - v| + \ln|v_\infty + v|) + C$$

$$= \frac{v_\infty}{2g}\ln\left|\frac{v_\infty + v}{v_\infty - v}\right| + C$$

因為想知道靜止的物體剛開始往下掉時的情況，所以設時刻 $t = 0$ 時 $v(0) = 0$，則積分常數就是這樣。

$$0 = \frac{v_\infty}{2g} \ln \left| \frac{v_\infty + 0}{v_\infty - 0} \right| + C$$

$$\therefore C = 0$$

 物體的速度 v 不能比終端速度 v_∞ 還大，所以就算拿掉解的絕對值符號也無妨。因此所要求的速度就會是這樣。

$$t = \frac{v_\infty}{2g} \ln \frac{v_\infty + v}{v_\infty - v}$$

$$\therefore v = \frac{1 - e^{-\frac{2g}{v_\infty} t}}{1 + e^{-\frac{2g}{v_\infty} t}} \cdot v_\infty = v_\infty \tanh \frac{gt}{v_\infty}$$

只考慮慣性阻力時的解

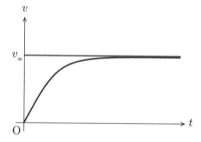

初速度為 0、在空氣中落下的物體，其速度隨時間的變化（慣性阻力的情況）

跟黏滯阻力的動向很類似，但這個比較尖一點呢。

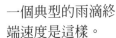

一個典型的雨滴終端速度是這樣。

● 半徑：$1000 \, \mu m$（＝ 1 mm）左右
● 大氣密度 $\rho = 1.2 \, kg / m^3$
● 設水的密度 $\rho' = 1 \times 10^3 \, kg / m^3$

$$v_\infty = \sqrt{\frac{4 \times \frac{4}{3} \pi \times 1 \times 10^3 kg/m^3 \times (1mm)^3 \times 9.80 m/s^2}{\pi \times 1.2 kg/m^3 \times (1mm)^2}} = 6.6 m/s$$

每秒 6.6 公尺！

好快!!

1秒

6.6m

雨滴

跟雲滴的 1.2 cm /s 比起來你可能會覺得很快，

不過這種速度要下降 400 公尺也還是要花一分鐘以上呢。

這樣啊⋯

這樣一想好像也還好嘛。

所以被雨打到也不用擔心會有性命之憂呀。

打中可是很痛的唷～

雨滴

嗚～

如果被雨滴打到會受傷的話那多討厭呀

真的很討厭

5. 參數變異法

　　我們來回顧一下，對考慮黏滯阻力、在空氣中落下的物體，要如何推導出說明其運動的微分方程式的解吧。原本我們想解的微分方程式是

$$\frac{dv}{dt} = g - \nu v \quad \leftarrow \quad \text{原本想解的微分方程式} \tag{4.1}$$

並非分離變數型，因此沒辦法解。首先我們要忽視（故意當它不存在）右邊第一項的 g，把式子視爲分離變數型

$$\frac{dv}{dt} = -\nu v \quad \leftarrow \quad \text{視爲分離變數型的微分方程式} \tag{4.2}$$

來解。所得到的解

$$v(t) = ce^{-\nu t} \quad \leftarrow \quad \text{一般解} \tag{4.3}$$

由於這個解含有任意的常數 c（在 n 階微分方程式的解當中，像這樣包含了未套用初始條件等各種條件的 n 個任意常數的解，稱爲一般解或通解），因此我們代入初始條件，設時刻 $t = 0$ 時 $v(0) = v_0$，就會得到

$$v(t) = v_0 e^{-\nu t} \quad \leftarrow \quad \text{特殊解} \tag{4.4}$$

（將一般解的任意常數代入特定的數值所得到的特定的解，稱爲特殊解）。如果我們想解的是分離變數型的微分方程式（4.2）的話，做到這邊就算結束了。但因爲現在解的是微分方程式（4.1），因此對於前面視爲分離變數型的微分方程式，我們要修正它的解。假定一般解（4.3）的任意常數 c 爲時間 t 的函數 $c(t)$，改寫函數爲

$$v(t) = c(t)e^{-\nu t} \quad \leftarrow \quad \text{假定任意常數 } c \text{ 爲時間 } t \text{ 的函數 } c(t) \tag{4.5}$$

它就是假設會滿足原本方程式（4.1）的解，將它代入方程式來決定函數 $c(t)$，得到的解爲

$$v(t) = \frac{g}{\nu} + c'e^{-\nu t} \quad \leftarrow \quad \text{原本我們想解的微分方程式的解} \tag{4.6}$$

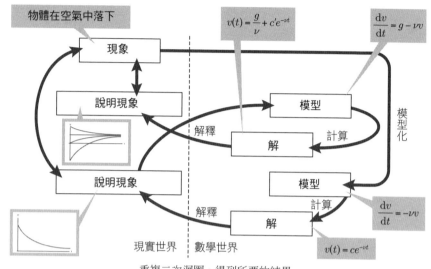

◆考慮黏滯阻力的物體在空氣中落下的模型

雖然能得出解來就好了，但這樣的解法真的沒問題嗎？我們就來將這個解法加以一般化 [1] 吧。

將我們原本想解的微分方程式（4.1）用一般性函數 $p(x)$、$q(x)$ 來表示，就可以寫成

$$\frac{\mathrm{d}y}{\mathrm{d}x} + p(x)y = q(x) \qquad \leftarrow \quad 非齊次方程式 \qquad (4.7)$$

$p(x)$、$q(x)$ 在考慮黏滯阻力、於空氣中落下的運動方程式（4.1）中，二者都是常數，但就一般性來說還是視為 x 的函數比較好吧。另一方面，不考慮重力時的運動方程式（4.2）就會變成這個樣子：

$$\frac{\mathrm{d}y}{\mathrm{d}x} + p(x)y = 0 \qquad \leftarrow \quad 齊次方程式 \qquad (4.8)$$

上面這兩條式子都是線性微分方程式，而差別就在於有沒有 $q(x)$ 這個項目。沒有 $q(x)$ 項的（4.8）式，由於其微分方程式中所含有的所有項次，對於 y 與 $\mathrm{d}y/\mathrm{d}x$ 都具有相同的次數，因此這樣型態的微分方程式就稱為齊次方程式。（4.7）式則由於具有 $q(x)$ 的關係而無法成為相同次數，因此稱為非齊次方程式，$q(x)$ 稱為非齊次項。

1　這可以說是使用數學的好處之一吧。

將齊次方程式（4.8）作變數分離來解，設積分常數爲 C，則解爲：

$$y = e^{-\int p(x)\mathrm{d}x + C} = e^C e^{-\int p(x)\mathrm{d}x} \qquad \leftarrow \quad \text{齊次方程式的一般解} \qquad (4.9)$$

它含有任意常數，所以就是一般解。我們將這個齊次方程式一般解當中含有的積分常數 C 代換成變數 x 的函數 $C(x)$：

$$y = e^{C(x)} e^{-\int p(x)\mathrm{d}x} \qquad \leftarrow \quad \text{齊次方程式一般解的常數代換爲函數}$$

再來，爲了避免式子看起來太複雜，我們以 $e^{C(x)} = C(x)$ 代換，假設有一個解爲：

$$y = c(x) e^{-\int p(x)\mathrm{d}x} \qquad \leftarrow \quad \text{所假設的非齊次方程式的解} \qquad (4.10)$$

將這個解代入非齊次方程式（4.7）來求所假設的函數 $C(x)$，則得到：

$$\frac{\mathrm{d}c(x) e^{-\int p(x)\mathrm{d}x}}{\mathrm{d}x} + p(x)c(x)e^{-\int p(x)\mathrm{d}x} = q(x)$$

$$\frac{\mathrm{d}c(x)}{\mathrm{d}x} e^{-\int p(x)\mathrm{d}x} + c(x)\frac{\mathrm{d}e^{-\int p(x)\mathrm{d}x}}{\mathrm{d}x} + p(x)c(x)e^{-\int p(x)\mathrm{d}x} = q(x)$$

$$\frac{\mathrm{d}c(x)}{\mathrm{d}x} e^{-\int p(x)\mathrm{d}x} + c(x)(-p(x))e^{-\int p(x)\mathrm{d}x} + p(x)c(x)e^{-\int p(x)\mathrm{d}x} = q(x)$$

$$\frac{\mathrm{d}c(x)}{\mathrm{d}x} e^{-\int p(x)\mathrm{d}x} = q(x)$$

$$\frac{\mathrm{d}c(x)}{\mathrm{d}x} = q(x)e^{\int p(x)\mathrm{d}x}$$

所要求的函數 $C(x)$ 就爲

$$c(x) = \int q(x)e^{\int p(x)\mathrm{d}x}\mathrm{d}x + c' \qquad \leftarrow \quad \text{所假設的函數}$$

求出這個假設的函數來，接著將它帶入所假設的非齊次方程式的解（4.10）：

$$y = \left(\int q(x)e^{\int p(x)\mathrm{d}x}\mathrm{d}x + c' \right) e^{-\int p(x)\mathrm{d}x} \qquad \leftarrow \quad \text{非齊次方程式的解（4.11）}$$

就求出了非齊次方程式的一般解。

好，現在展開所求得的非齊次方程式的一般解（4.11），讓它變成

$$y = e^{-\int p(x)\mathrm{d}x} \int q(x)e^{\int p(x)\mathrm{d}x}\mathrm{d}x + c' e^{-\int p(x)\mathrm{d}x}$$

如此我們可以看出，它就是 $c' = e^c$ 的齊次方程式一般解（4.9）：

$$c'e^{-\int p(x)\mathrm{d}x} \quad \leftarrow \quad \text{齊次方程式的一般解}$$

與非齊次方程式的特殊解：

$$e^{-\int p(x)\mathrm{d}x}\int q(x)e^{\int p(x)\mathrm{d}x}\mathrm{d}x \quad \leftarrow \quad \text{非齊次方程式的特殊解}$$

將二者相加起來。也就是說，非齊次方程式的一般解，就是齊次方程式的一般解與非齊次方程式的特殊解的和。

非齊次方程式的一般解 ＝ 齊次方程式的一般解 ＋ 非齊次方程式的特殊解

◆非齊次方程式的解

我們來稍微確認一下吧。如果設齊次方程式（4.8）的解為 $y = u(x)$ 的話，

$$\frac{\mathrm{d}u(x)}{\mathrm{d}x} + p(x)u(x) = 0 \tag{4.12}$$

這樣的關係就成立了。由於已知非齊次方程式（4.7）的某個解為 $y = v(x)$，因此

$$\frac{\mathrm{d}v(x)}{\mathrm{d}x} + p(x)v(x) = q(x) \tag{4.13}$$

就會成立這樣的關係。將齊次方程式的關係式（4.12）與非齊次方程式的關係式（4.13）二邊分別相加，就得到

$$\frac{\mathrm{d}(u(x)+v(x))}{\mathrm{d}x} + p(x)(u(x) + v(x)) = q(x)$$

如此就可以得知，$y = u(x) + v(x)$ 就是非齊次方程式（4.7）的解。終於，我們總算可以用這個解法求得非齊次方程式的解了。

非齊次方程式的這種解法稱為參數變異法。它為了解開非齊次方程式，要改變齊次方程式的一般解常數／參數（將非齊次方程式的解化為齊次方程式的一般解×未知函數），因此才有這樣的稱呼。

◆如何解非齊次方程式

　　參數變異法，這個解法是先從原本想解的微分方程式中取出容易求解的部分，先解這個部分的微分方程式（齊次方程式），再施以修正，使這個解能夠滿足原本想解的微分方程式（非齊次方程式）。這個方法可以說就是不拘泥於微分方程式的型態，先從好解（能解）的部分開始解起，細節部分則是之後再作修正就好。這個點子非常的了不起。在空氣中落下的物體的運動也是由於物體隨著時間會傾向於以指數函數的方式來運動，因此我們就從這個部分去求解，再使其整體能夠通順。

第**5**章
二階線性微分方程式
~不只是搖晃而已~

不愧是
姬神大人～！

哎呀，

飛樣

走開啦！

那傢伙只是憑自己的力量做了點事，

我什麼也沒做呀！

照這趨勢下去，我們神社可就長保安泰了！

最好可以呈指數函數成長！

聽我說啦

倒是，照那樣操勞下去…

妳也太累了吧

來這邊參拜後都會感覺很有精神呢～

啊，沒錯～

……

真沒辦法。

喔呼～

前面的年輕人，加油啊！

我不行了～

累死我也～

癱

軟

阿～～～～

姬神大人
請用。

累的時候最適
合吃甜食囉。

哞眼

喔…
喔喔喔喔…

美月大人…

我可以吃嗎…？

可以啦。

嗯！

這點心也很好吃！
哪兒買的呀？

什麼!?

嘿嘿

這是我作的啦。

算是我為了答謝您這陣子以來的幫忙。

大地哥好屬害呀!

怪不得看起來這麼不起眼…

噗

這您就甭管了。

嗯，但是味道是最棒的。

嚼嚼

那麼，

最後一堂課就要開始囉!

有勞您了!

今天我們要在數學世界中表現出所謂的「振動」。

振動

振動就是一種「忽增忽減、搖晃擺動」的現象。

這世上存在的所有物體都處在振動當中，

如果能理解振動的話可就無往不利了。

哇…

好啦，有什麼振動的例子嗎？

你舉些給我聽。

忽增忽減、搖晃擺動的東西啊…

……
……
……

……
想不出來。

唉，我想也是啦

真抱歉

真是駑鈍。

最易懂的莫過於彈簧的動態了。

彈簧嗎？

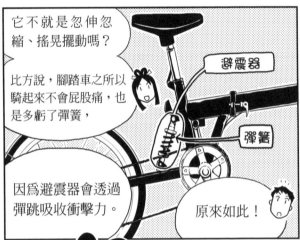

它不就是忽伸忽縮、搖晃擺動嗎？

比方說，腳踏車之所以騎起來不會屁股痛，也是多虧了彈簧，

避震器

彈簧

因為避震器會透過彈跳吸收衝擊力。

原來如此！

振動的表示方式是比過去的方程式都還複雜的「二階線性微分方程式」，

既然這是最後的課程，你要專心跟上來！

是！

2. 振動模型 1

我們可以設想一座這樣的裝置。

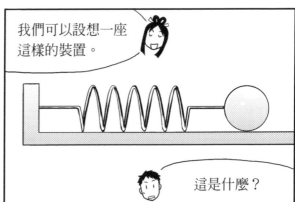

這是什麼？

好，為了能夠容易測量不斷伸縮的彈簧長度，

只要將砝碼拉緊後再放開，彈簧就會開始振動。

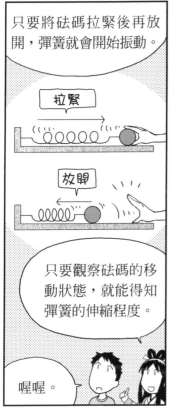

拉緊

放開

只要觀察砝碼的移動狀態，就能得知彈簧的伸縮程度。

喔喔。

彈簧在沒受到任何外力時的自然狀態下，其長度稱為自然長度。

自然長度

彈簧

砝碼

光滑的水平基座

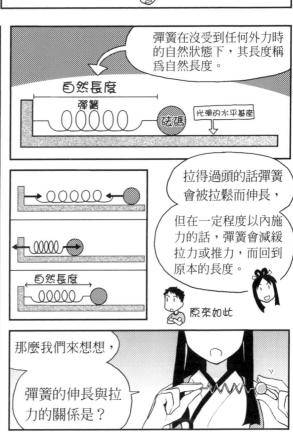

自然長度

拉得過頭的話彈簧會被拉鬆而伸長，

但在一定程度以內施力的話，彈簧會減緩拉力或推力，而回到原本的長度。

原來如此

那麼我們來想想，

彈簧的伸長與拉力的關係是？

這個嘛…

彈簧的拉力大小會與彈簧的伸長長度成正比，應該是這樣對吧？

正 比

正是如此。

彈簧的推力與彈簧收縮長度的關係也是一樣的。

每次都要表明它是伸長還是縮短太麻煩了，因此我們把縮短視爲「向負的方向伸長」吧。

向負的方向伸長

現在我們假設彈簧在自然長時砝碼的位置爲原點，拉緊砝碼時所伸長的長度設爲 x，試著將它們的關係寫成式子吧！

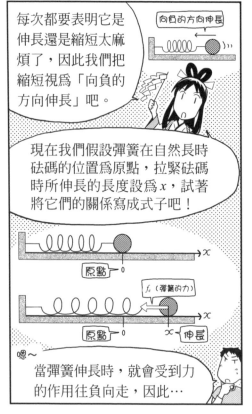

原點 0

f_e（彈簧的力）

原點 0 x 伸長

嗯～

當彈簧伸長時，就會受到力的作用往負向走，因此…

這樣嗎？

$$f_e = -kx$$

彈簧從自然長延伸出的長度：x
彈簧的力：f_e
比例常數：k

沒錯！

這個關係就稱爲虎克定律，其中的力就稱爲彈力或回復力。

畫成圖形就是這樣!!

彈 力

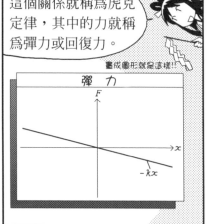

F

x

$-kx$

另外，這個比例常數 k

$$f_e = -kx$$

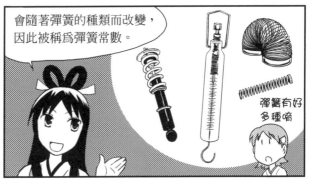

會隨著彈簧的種類而改變，因此被稱為彈簧常數。

彈簧有好多種喔

若是 k 比較大的彈簧與 k 比較小的彈簧要伸長同樣的長度，

則 k 較大的彈簧需要花費較大的力去拉長。

換句話說，彈簧常數表示的是彈簧的堅硬程度。

呀～

k 較大

彈彈～

彈彈～

k 較小

那玩意兒是我嗎？

原來如此…

對了，

作用在彈簧上的力不是只有彈力而已唷。

嗯～

這…該不會也有阻力吧？

答對了！

今天狀況不錯嘛

因爲空氣與摩擦的關係，會有阻力朝著運動方向的相反方向作用。

在此我們也只考慮一種阻力，它與砝碼在基座上的滑行速度成正比。

嗯嗯。

設阻力爲 f_r，滑行速度可以用砝碼位置隨時間的變化來表示。

比例常數

c

比例常數則設爲 c，

阻力

$f r$

式子就是這樣！

阻力

$$f_r = -cv = -c\frac{\mathrm{d}x}{\mathrm{d}t}$$

太好了！

這樣模型就完成了嗎？

還沒啦。

嗚～～～

還要在這上面加上外力。

外力？

我們不是拉了一次就不管它了，而是要持續施加外力上去。

？

為什麼？

不持續施加外力，它不久就會停止了呀。

靜止

振動

外力

啊，對耶。

如果一直施加外拉的力量的話，

好可憐喔～

鬆垮垮～～

最後彈簧會被拉鬆而無法彈回，因此應該要週期性地施加力量。

首先寫出對時間的函數，像這樣。

外力

$$F(t)$$

外力

v

$F(t)$ fe fr

0

x

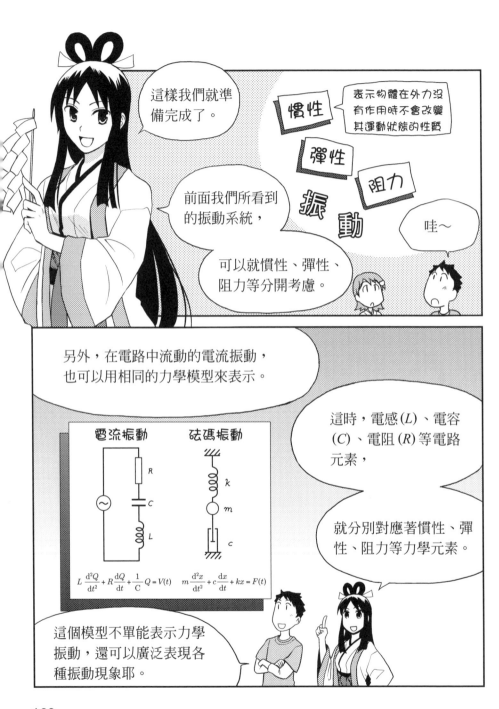

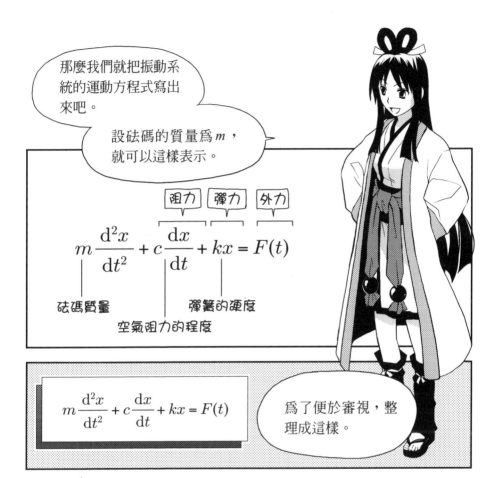

那麼我們就把振動系統的運動方程式寫出來吧。

設砝碼的質量為 m，就可以這樣表示。

阻力　彈力　外力

$$m\frac{\mathrm{d}^2 x}{\mathrm{d}t^2} + c\frac{\mathrm{d}x}{\mathrm{d}t} + kx = F(t)$$

砝碼質量

彈簧的硬度

空氣阻力的程度

$$m\frac{\mathrm{d}^2 x}{\mathrm{d}t^2} + c\frac{\mathrm{d}x}{\mathrm{d}t} + kx = F(t)$$

為了便於審視，整理成這樣。

這樣子振動系統的模型化就完成了。

正是。

它是二階非齊次線性微分方程式呢。

來，解出這道微分方程式吧。

這個式子…

$$m\frac{\mathrm{d}^2 x}{\mathrm{d}t^2} + c\frac{\mathrm{d}x}{\mathrm{d}t} + kx = F(t)$$

嗯～～

到底該從哪裡分解切開呢…？

$$m\frac{\mathrm{d}^2 x}{\mathrm{d}t^2} + c\frac{\mathrm{d}x}{\mathrm{d}t} + kx = F(t)$$

看來真複雜耶

一大強敵…

這時我們就要設法讓問題變得非常簡單。

以現在的式子來說，

$$\frac{x}{t^2} + c\frac{\mathrm{d}x}{\mathrm{d}t} + kx = F(t)$$

就先試著不去考慮阻力與外力。

阻力

外力

$$m\frac{\mathrm{d}^2 x}{\mathrm{d}t^2} + c\frac{\mathrm{d}x}{\mathrm{d}t} + kx = F(t)$$

$$\Downarrow$$

$$m\frac{\mathrm{d}^2 x}{\mathrm{d}t^2} + kx = 0$$

所以只考慮慣性與彈性的元素囉。

原來如此

沒錯，作用在砝碼的力只剩下彈簧的彈力而已。

而為了讓這個式子看起來夠簡潔，

$$m \frac{\mathrm{d}^2 x}{\mathrm{d}t^2} + kx = 0$$

左邊只留下 x 的二階微分，剩餘的 kx 就移項過去，

二邊同除以 m，這樣整理式子之後

就變成這樣。

這就是二階齊次微分方程式了。

哇～

沒有阻力及外力時的運動方程式

$$\frac{\mathrm{d}^2 x}{\mathrm{d}t^2} = -\frac{k}{m}x$$

「目前為止的所有流程是這個樣子。由於一開始我們想的模型太難，不知道怎麼樣引進數學世界，因此先將現象的層級往下簡單化，重新構思模型吧！」

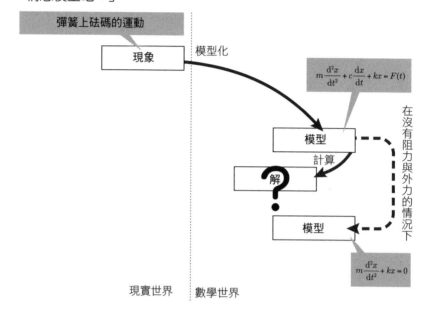

◆沒有阻力與外力時，彈簧上砝碼運動狀態的模型化

「是。」

「那我們就來求在沒有阻力與外力的情況下的一般解吧。現在請仔細看著這道微分方程式。」

「又要這樣啦？」

「仔細看著它，會發現這個式子代表 x 對 t 作二次微分，會變回 $-x$（雖然有多乘上一個 k/m）[1]。」

「微分二次後會變回原形的函數…這好像在哪見過耶。」

1　如果只是呆呆地望著它，就不會發現。

「將我們在 53 頁看過正弦函數的微分公式

$$\frac{\mathrm{d}}{\mathrm{d}t}\sin t = \cos t$$

運用餘弦函數的微分公式

$$\frac{\mathrm{d}}{\mathrm{d}t}\cos t = -\sin t$$

來再一次對 t 微分，就變成

$$\frac{\mathrm{d}^2}{\mathrm{d}t^2}\sin t = \frac{\mathrm{d}}{\mathrm{d}t}\cos t = -\sin t$$

二次微分後變回原來的函數。看來善用三角函數這項性質，可以讓我們獲得解答。你會想到，原本二階齊次微分方程式 $\frac{\mathrm{d}^2 x}{\mathrm{d}t^2} = -\frac{k}{m}x$ 中有多乘上一個 k/m，這要怎麼辦呢？我們利用微分的基本性質之一，設 ω 為常數，得到

$$\frac{\mathrm{d}^2}{\mathrm{d}t^2}\sin\omega t = \omega\frac{\mathrm{d}}{\mathrm{d}t}\cos\omega t = -\omega^2\sin\omega t$$

好像有辦法了。實際設

$$\frac{k}{m} = \omega^2 \tag{5.1}$$

的話，我們發現

$$x(t) = \sin\omega t \tag{5.2}$$

就是微分方程式 $\frac{\mathrm{d}^2 x}{\mathrm{d}t^2} = -\frac{k}{m}x$ 的解。這真是太好了。

不過且慢，解不是只有這樣而已吧？比方說，將解（5.2）乘上常數倍：

$$x(t) = A\sin\omega t \tag{5.3}$$

也會是微分方程式 $\frac{\mathrm{d}^2 x}{\mathrm{d}t^2} = -\frac{k}{m}x$ 的解。要確認這點，可以將乘上常數倍的解代入微分方程式：

$$\frac{\mathrm{d}^2}{\mathrm{d}t^2}A\sin\omega t = -\omega^2 A\sin\omega t$$

另外，將餘弦函數的微分公式：

$$\frac{\mathrm{d}}{\mathrm{d}t}\cos t = -\sin t$$

再次利用正弦函數微分公式

$$\frac{d}{dt}\sin t = \cos t$$

對 t 微分得到

$$\frac{d^2}{dt^2}\cos t = -\frac{d}{dt}\sin t = -\cos t$$

則設 B 為常數，

$$x(t) = B\cos\omega t \tag{5.4}$$

也是微分方程式 $\frac{d^2x}{dt^2} = -\frac{k}{m}x$ 的解。

　　事實上，一般解就是解（5.3）與（5.1）的線性組合[2]：

$$x(t) = A\sin\omega t + B\cos\omega t \qquad 沒有阻力與外力時的一般解 \tag{5.5}$$

一般解（5.5）對 t 微分二次，就得到：

$$\frac{d^2}{dt^2}(A\sin\omega t + B\cos\omega t) = -\omega^2(A\sin\omega t + B\cos\omega t)$$

於是知道它確實是解。」

2　也就是它們常數倍的和。

既然得到一般解了，我們就考慮具體的情況來解釋這個解。

呼…

後面還多著呢～

加油！

沒有阻力與外力時的一般解

$$x(t) = A\sin\omega t + B\cos\omega t$$

比方說，我們來考慮將砝碼後拉、使彈簧伸長 x_0，

在 $t = 0$ 時靜止放開的情況。

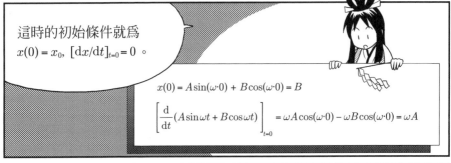

這時的初始條件就為 $x(0) = x_0$，$[\mathrm{d}x/\mathrm{d}t]_{t=0} = 0$。

$$x(0) = A\sin(\omega\cdot 0) + B\cos(\omega\cdot 0) = B$$

$$\left[\frac{\mathrm{d}}{\mathrm{d}t}(A\sin\omega t + B\cos\omega t)\right]_{t=0} = \omega A\cos(\omega\cdot 0) - \omega B\cos(\omega\cdot 0) = \omega A$$

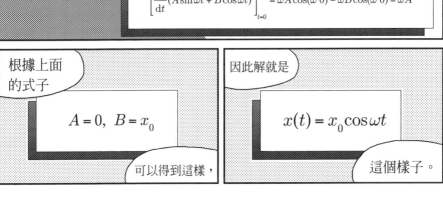

根據上面的式子

$$A = 0, \; B = x_0$$

可以得到這樣，

因此解就是

$$x(t) = x_0\cos\omega t$$

這個樣子。

這個解就表示砝碼在 $-x_0$ 到 x_0 的範圍內週期性振動的情形。

真是單純的振動呢。

週期代表振動一次所需要的時間，因此設這個振動的週期為 T，

$$x(t) = x_0\cos\omega t$$

它的意思就代表：解當中 $\cos\omega t$ 的 ωt 要到達 2π，所需要的時間為 T，

振動的週期

$$\omega T = 2\pi$$

$$\therefore T = \frac{2\pi}{\omega}$$

所以就是這樣。

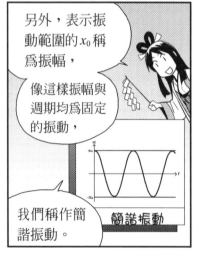

另外，表示振動範圍的 x_0 稱為振幅，

像這樣振幅與週期均為固定的振動，

我們稱作簡諧振動。

簡諧振動

意思就是說…如果沒有阻力與外力的話，這個固定的振動就會永久持續下去對吧。

另外 $\omega = \sqrt{k/m}$ 稱作這個振動系統的角頻率。

角頻率 ω 也稱作角振動數，是頻率乘以圓周率的二倍得到的數值，

常常會用來簡化式子喲。

嗯嗯

「現在的情況是這樣。」

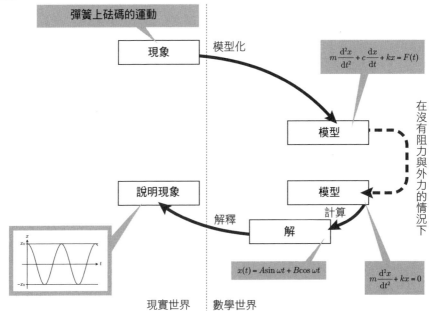

得出降低層級簡單化後的模型解。雖然在現實當中一定會出現阻力,但這足以說明阻力非常微弱的情況。

◆沒有阻力與外力時,彈簧上砝碼運動狀態的說明

 「簡諧振動能夠說明像這裡所處理的、可無視阻力的彈簧振動,或者振幅極小的單擺運動。另外,由於它是探討振動現象的基礎,瞭解其概念是很重要的。」

4. 振動模型 3　～當有阻力時～

有阻力時的解

那如果我們把阻力考慮進去的話又會如何呢？

大地哥會變怎麼樣呢？

這…不知道

彈～

彈～

馬上把它加回來！

阻力　外力

$$m\frac{\mathrm{d}^2x}{\mathrm{d}t^2} + c\frac{\mathrm{d}x}{\mathrm{d}t} + kx = F(t)$$

去除阻力與外力

$$m\frac{\mathrm{d}^2x}{\mathrm{d}t^2} + kx = 0$$

將阻力放回來

$$m\frac{\mathrm{d}^2x}{\mathrm{d}t^2} + c\frac{\mathrm{d}x}{\mathrm{d}t} + kx = 0$$

喔喔，回來了！

將二邊同除以 m，整理式子成這樣。

$$\frac{\mathrm{d}^2x}{\mathrm{d}t^2} + \frac{c}{m}\frac{\mathrm{d}x}{\mathrm{d}t} + \frac{k}{m}x = 0$$

這也是二階齊次微分方程式呢。

與簡諧振動時相同，為了簡化式子，我們設成這樣，

另外再設成這樣，

看起來有點刻意，但這樣設過，以後就輕鬆了

微分方程式就可以改寫成這樣。

$$\frac{k}{m} = \omega^2$$

$$\frac{c}{m} = 2\gamma$$

考慮彈力與阻力時的運動方程式

$$\frac{\mathrm{d}^2x}{\mathrm{d}t^2} + 2\gamma\frac{\mathrm{d}x}{\mathrm{d}t} + \omega^2 x = 0$$

我們就來解它吧。

「目前的流程是這樣。第二次迴圈，我們要將降低層級簡化後的模型再加上其他要素，讓它稍微複雜一些。」

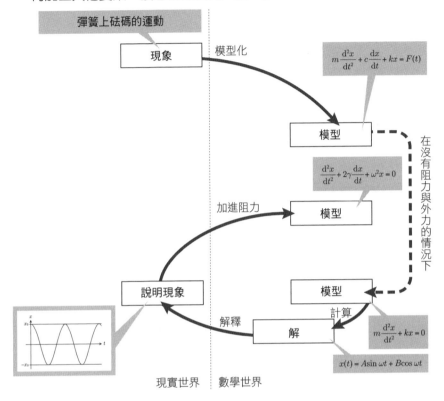

◆加入阻力的彈簧上砝碼運動的模型化

「那我們就來求沒有外力時的一般解吧。在此我們也要仔細凝視這道微分方程式 $\dfrac{\mathrm{d}^2x}{\mathrm{d}t^2} + 2\gamma\dfrac{\mathrm{d}x}{\mathrm{d}t} + \omega^2 x = 0$ 。」

「是。」

「這時我們會發現，x 對 t 微分二次的項、x 對 t 微分一次的項與 x 自己的項加起來就為 0[3]。這就表示，函數 $x(t)$ 應當要是微分了也不會改變型態的函數才對。」

3　我們已經在簡諧振動時鍛鍊過眼力了，應該會比先前更快發現才是。

「微分後型態也不會改變的函數，好像在哪見過耶。」

「我們看看同樣在 53 頁出現的式子——指數函數的微分公式：

$$\frac{d}{dt}e^t = e^t$$

可以知道指數函數就是微分後型態也不會改變的函數。善用指數函數的這個性質，能不能解開微分方程式 $\frac{d^2x}{dt^2} + 2\gamma\frac{dx}{dt} + \omega^2 x = 0$ 呢？我們來試試看。」

「指數函數的微分公式是將 e^t 對 t 作微分，但光是如此無法產生係數，不論微分多少次，型態都完全相同。觀察微分方程式 $\frac{d^2x}{dt^2} + 2\gamma\frac{dx}{dt} + \omega^2 x = 0$，各個項次都帶有係數，似乎不能直接這樣得出解來，因此我們要多作點處理。設 λ 為常數，配合微分基本性質（53 頁）[4] 來使用，得到

$$\frac{d}{dt}e^{\lambda t} = \lambda e^{\lambda t}$$

反覆微分後得到：

$$\frac{d^n}{dt^n}e^{\lambda t} = \lambda^n e^{\lambda t}$$

」

「出現係數了，好像就可以用在微分方程式上面了呢。」

「因此我們試試這個方法：假設目標的微分方程式 $\frac{d^2x}{dt^2} + 2\gamma\frac{dx}{dt} + \omega^2 x = 0$ 的解為

$$x(t) = e^{\lambda t} \quad \leftarrow \text{假設的解} \tag{5.6}$$

使常數 λ 能滿足微分方程式 $\frac{d^2x}{dt^2} + 2\gamma\frac{dx}{dt} + \omega^2 x = 0$。

　　將假設的解（5.6）代入微分方程式 $\frac{d^2x}{dt^2} + 2\gamma\frac{dx}{dt} + \omega^2 x = 0$ 當中。

$$\frac{d^2}{dt^2}e^{\lambda t} + 2\gamma\frac{d}{dt}e^{\lambda t} + \omega^2 e^{\lambda t} = 0 \tag{5.7}$$

進行微分後得到

$$\lambda^2 e^{\lambda t} + 2\gamma\lambda e^{\lambda t} + \omega^2 e^{\lambda t} = 0$$

將 $e^{\lambda t}$ 提出來就變成

$$(\lambda^2 + 2\gamma\lambda + \omega^2)e^{\lambda t} = 0$$

4　稱為「合成函數的微分」。

由於 $e^{\lambda t}$ 必定不為零[5]，為了滿足（5.7）式，就必須得到

$$\lambda^2 + 2\gamma\lambda + \omega^2 = 0 \qquad (5.8)$$

」

「這就是λ的二次方程式了。」

「這個代數方程式的解[6]就變為[7]

$$\lambda_1 = -\gamma + \sqrt{\gamma^2 - \omega^2}, \; \lambda_2 = -\gamma - \sqrt{\gamma^2 - \omega^2} \qquad (5.9)$$

這就表示，對應於代數方程式（5.8）的二個解（5.9），我們就可以輕易得到 172 頁微分方程式 $\dfrac{d^2x}{dt^2} + 2\gamma\dfrac{dx}{dt} + \omega^2 x = 0$ 的二個解：

$$x_1 = e^{\lambda_1 t}, \; x_2 = e^{\lambda_2 t} \quad \leftarrow \text{微分方程式的解} \qquad (5.10)$$
」

「只是很可惜，這樣的解不含有任意的常數，並不是一般解。但是這時該怎麼辦，想必你已經知道了。」

「參數變異法對吧。」

「沒錯。為了求一般解，我們使用參數變異法，將解（5.10）附加上 t 的函數 $c_1(t)$，變成

$$x(t) = c_1(t)e^{\lambda_1 t} \quad \leftarrow \text{繼續假設的解} \qquad (5.11)$$

假設的解（5.11）對 t 微分後，就得到

$$\frac{dx(t)}{dt} = \frac{dc_1(t)}{dt}e^{\lambda_1 t} + c_1(t)\frac{de^{\lambda_1 t}}{dt}$$

$$= \frac{dc_1(t)}{dt}e^{\lambda_1 t} + c_1(t)\lambda_1 e^{\lambda_1 t}$$

$$\frac{d^2x(t)}{dt^2} = \frac{d^2c_1(t)}{dt^2}e^{\lambda_1 t} + \frac{dc_1(t)}{dt}\frac{de^{\lambda_1 t}}{dt} + \lambda_1\frac{dc_1(t)}{dt}e^{\lambda_1 t} + c_1(t)\lambda_1\frac{de^{\lambda_1 t}}{dt}$$

$$= \frac{d^2c_1(t)}{dt^2}e^{\lambda_1 t} + 2\lambda_1\frac{dc_1(t)}{dt}e^{\lambda_1 t} + c_1(t)\lambda_1^2 e^{\lambda_1 t}$$

代入微分方程式 $\dfrac{d^2x}{dt^2} + 2\gamma\dfrac{dx}{dt} + \omega^2 x = 0$ 當中得到

5　它的圖形不能跨過 x 軸。

6　二次方程式 $ax^2 + bx + c = 0$ 的公式解為 $x = (-b \pm \sqrt{b^2 - 4ac})/2a$。

7　你察覺了嗎？到這裡想必你會讓你恍然大悟：「哎呀，原來就是這回事呀」。γ 前面加上一個係數 2，就使得二次方程式的解變得簡單了。

$$\left(\frac{d^2c_1(t)}{dt^2}e^{\lambda_1 t} + 2\lambda_1\frac{dc_1(t)}{dt}e^{\lambda_1 t} + c_1(t)\lambda_1{}^2 e^{\lambda_1 t} \right)$$

$$+ 2\gamma\left(\frac{dc_1(t)}{dt}e^{\lambda_1 t} + c_1(t)\lambda_1 e^{\lambda_1 t} \right) + \omega^2 c_1(t)e^{\lambda_1 t} = 0$$

將 $e^{\lambda_1 t}$ 提出來就變成

$$\left\{ \frac{d^2c_1(t)}{dt^2} + 2(\lambda_1+\gamma)\frac{dc_1(t)}{dt} + \left(\lambda_1{}^2 + 2\gamma\lambda_1 + \omega^2\right)c_1(t) \right\}e^{\lambda_1 t} = 0 \qquad (5.12)$$

「不要被它複雜的長相給迷惑了唷。這裡的 $e^{\lambda_1 t}$ 也同樣必須不為零，因此為了滿足（5.12）式，就必須得出

$$\frac{d^2c_1(t)}{dt^2} + 2(\lambda_1+\gamma)\frac{dc_1(t)}{dt} + \left(\lambda_1{}^2 + 2\gamma\lambda_1 + \omega^2\right)c_1(t) = 0$$

再來，根據（5.8）式 $\lambda^2 + 2\gamma\lambda + \omega^2 = 0$，因此

$$\frac{d^2c_1(t)}{dt^2} + 2(\lambda_1+\gamma)\frac{dc_1(t)}{dt} = 0$$

整理一下，二邊同乘上 $e^{2(\lambda_1+\gamma)t}$ 得到 [8]

$$e^{2(\lambda_1+\gamma)t}\frac{d^2c_1(t)}{dt^2} + 2(\lambda_1+\gamma)e^{2(\lambda_1+\gamma)t}\frac{dc_1(t)}{dt} = 0$$

$$\therefore \frac{d}{dt}\left(e^{2(\lambda_1+\gamma)t}\frac{dc_1(t)}{dt} \right) = 0$$

這樣就清爽許多了。再來根據微分方程式的解（5.9）：

$$\lambda_1 = -\gamma + \sqrt{\gamma^2 - \omega^2},\ \lambda_2 = -\gamma - \sqrt{\gamma^2 - \omega^2}$$

取 λ_1 與 λ_2 的和：

$$\lambda_1 + \lambda_2 = \left(-\gamma + \sqrt{\gamma^2 - \omega^2}\right) + \left(-\gamma - \sqrt{\gamma^2 - \omega^2}\right) = -2\gamma$$

運用這項關係就得到

$$\frac{d}{dt}\left(e^{(\lambda_1-\lambda_2)t}\frac{dc_1(t)}{dt} \right) = 0$$

將它對 t 作積分，設 C 為任意常數，就得到

8　這有一點技巧性，但是常用的手法。

$$e^{(\lambda_1-\lambda_2)t}\frac{dc_1(t)}{dt}=C$$

因此設積分常數為 α，我們想求的函數 $c_1(t)$ 就為：

$$c_1(t)=C\int e^{(\lambda_2-\lambda_1)t}dt+\alpha \qquad (5.13)$$

」

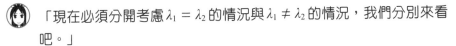 「現在必須分開考慮 $\lambda_1=\lambda_2$ 的情況與 $\lambda_1\neq\lambda_2$ 的情況，我們分別來看吧。」

「首先考慮 $\lambda_1=\lambda_2$ 的情況。這時由於 $e^{(\lambda_2-\lambda_1)t}=1$，函數（5.13）會變成

$$c_1(t)=C\int dt+\alpha$$

進行積分後得到

$$c_1(t)=Ct+\alpha$$

將現在所求得的 t 的函數 $c_1(t)$ 代入假設了未定係數的解（5.11），就得到微分方程式 $\frac{d^2x}{dt^2}+2\gamma\frac{dx}{dt}+\omega^2x=0$ 的一般解：

$$x(t)=(Ct+\alpha)e^{\lambda_1 t}$$

而根據代數方程式的解（5.9）：

$$\lambda_1=-\gamma+\sqrt{\gamma^2-\omega^2},\ \lambda_2=-\gamma-\sqrt{\gamma^2-\omega^2}$$

$\lambda_1=\lambda_2$ 這個條件就表示

$$-\gamma+\sqrt{\gamma^2-\omega^2}=-\gamma-\sqrt{\gamma^2-\omega^2}$$
$$\sqrt{\gamma^2-\omega^2}=0$$
$$\therefore\omega^2=\gamma^2$$

這時由於

$$\lambda_1=\lambda_2=-\gamma$$

將常數 C 改寫為 β，最終所求的一般解就為：

$$x(t)=(\alpha+\beta t)e^{-\gamma t} \qquad \leftarrow \omega_2=\gamma_2\ \text{時的一般解}$$

這裡的 α 與 β 為任意常數。」

「接下來考慮 $\lambda_1 \neq \lambda_2$ 的情況，由於函數（5.13）為指數函數的積分，因此進行積分後變成：

$$c_1(t) = \frac{C}{\lambda_2 - \lambda_1} e^{(\lambda_2 - \lambda_1)t} + \alpha$$

在此根據代數方程式的解（5.9）：

$$\lambda_1 = -\gamma + \sqrt{\gamma^2 - \omega^2}, \ \lambda_2 = -\gamma - \sqrt{\gamma^2 - \omega^2}$$

$\lambda_1 \neq \lambda_2$ 就表示 $\omega_2 \neq \gamma_2$，這必須根據根號內部的 $\gamma_2 - \omega_2$，分開考慮

$$\omega^2 > \gamma^2, \ \omega^2 < \gamma^2$$

二種情況才行。」

「首先來看 $\omega_2 > \gamma_2$ 的情況。這時由於代數方程式的解（5.9）：

$$\lambda_1 = -\gamma + \sqrt{\gamma^2 - \omega^2}, \ \lambda_2 = -\gamma - \sqrt{\gamma^2 - \omega^2}$$

根號內部為負，因此解就會是複數。虛數單位設為 i，就可以寫成

$$\lambda_1 = -\gamma + i\Omega, \ \lambda_2 = -\gamma - i\Omega$$
$$\Omega = \sqrt{\omega^2 - \gamma^2} \tag{5.14}$$

設 α 與 β 為任意常數，我們所欲求的一般解就為

$$x(t) = \alpha e^{-\gamma t + i\Omega t} + \beta e^{-\gamma t + i\Omega t} \qquad \leftarrow \omega^2 > \gamma^2 \text{ 時的一般解}$$

而 $\omega^2 < \gamma^2$ 的話又是如何呢？這時代數方程式的解（5.9）：

$$\lambda_1 = -\gamma + \sqrt{\gamma^2 - \omega^2}, \ \lambda_2 = -\gamma - \sqrt{\gamma^2 - \omega^2}$$

為實數，可以寫成

$$\lambda_1 = -\gamma + \Gamma, \ \lambda_2 = -\gamma - \Gamma$$
$$\Gamma = \sqrt{\gamma^2 - \omega^2}$$

所以所要求的一般解就為

$$x(t) = \alpha e^{-\gamma t + \Gamma t} + \beta e^{-\gamma t - \Gamma t} \qquad \leftarrow \omega^2 < \gamma^2 \text{ 時的一般解}$$

」

你累垮了嗎？

我…我沒事…

加油加油～

好，

現在我們把所有的情況綜覽一遍。

終…終於…

最終來說，考慮阻力的微分方程式一般解可以分成三種情況來探討。

$$\omega^2 > \gamma^2 : x(t) = \alpha e^{-\gamma t + i\Omega t} + \beta e^{-\gamma t - i\Omega t}, \quad \Omega = \sqrt{\omega^2 - \gamma^2}$$

$$\omega^2 = \gamma^2 : x(t) = (\alpha + \beta t)e^{-\gamma t}$$

$$\omega^2 < \gamma^2 : x(t) = \alpha e^{-\gamma t + \Gamma t} + \beta e^{-\gamma t - \Gamma t}, \quad \Gamma = \sqrt{\gamma^2 - \omega^2}$$

現在我們分別來看這些一般解吧。

微笑

…是…

斯巴達教育…!!

馬上就又來囉～

先來探討 $\omega^2 > \gamma^2$ 的情況吧

「設 α 與 β 為任意常數，這時的一般解就為

$$x(t) = \alpha e^{-\gamma t + i\Omega t} + \beta e^{-\gamma t + i\Omega t}, \ \Omega = \sqrt{\omega^2 - \gamma^2}$$

將指數部分分為實數部與虛數部，就變成

$$x(t) = e^{-\gamma t}(\alpha e^{i\Omega t} + \beta e^{-i\Omega t}) \tag{5.15}$$

」

「而一般解（5.15）括弧當中的 $\alpha e^{i\Omega t} + \beta e^{-i\Omega t}$，運用尤拉公式[9]

$$e^{\pm ix} = \cos x \pm i \sin x$$

就得到

$$x(t) = e^{-\gamma t}\{\alpha(\cos\Omega t + i\sin\Omega t) + \beta(\cos\Omega t - i\sin\Omega t)\}$$

$$= e^{-\gamma t}\{(\alpha + \beta)\cos\Omega t + i(\alpha - \beta)\sin\Omega t\}$$

$$= e^{-\gamma t}(a\cos\Omega t + b\sin\Omega t) \tag{5.16}$$

其中我們設 $a = \alpha + \beta$、$b = i(\alpha - \beta)$。」

「這個解與週期 $2\pi / \omega$ 的簡諧振動一般解（5.5）十分類似，但不同之處在於它的週期為 $2\pi / \Omega$、以及全體均乘上一個指數函數 $e^{-\gamma t}$。這道解所表示的是怎麼樣的運動呢？」

「與我們在簡諧振動時的情況相同，先考慮將砝碼後拉、使彈簧伸長 x_0，在 $t = 0$ 時靜止放開的情況吧。初始條件為 $t = 0$、$x(0) = x_0$、$[dx/dt]_{t=0} = 0$，因此根據（5.16）式：

$$x(0) = e^{-\gamma 0}\{a\cos(\Omega \cdot 0) + b\sin(\Omega \cdot 0)\} = a = x_0 \tag{5.17}$$

9　事實上，尤拉公式是為了將指數函數擴展到指數為複數的情況所作的定義，因此這整個道理是顛倒過來講的…。

a 就為 x_0，將（5.16）式對 t 微分，則根據

$$\frac{\mathrm{d}x}{\mathrm{d}t} = -\gamma e^{-\gamma t}(a\cos\Omega t + b\sin\Omega t) + e^{-\gamma t}(-a\Omega\sin\Omega t + b\Omega\cos\Omega t)$$

$$= e^{-\gamma t}\{(-\gamma a + b\Omega)\cos\Omega t - (\gamma b + a\Omega)\sin\Omega t\}$$

就得到

$$\left[\frac{\mathrm{d}x}{\mathrm{d}t}\right]_{t=0} = e^{-\gamma\cdot 0}\{(-\gamma a + b\Omega)\cos(\Omega\cdot 0) - (\gamma b + a\Omega)\sin(\Omega\cdot 0)\}$$

$$= -\gamma a + b\Omega = 0 \tag{5.18}$$

$$\therefore b = \frac{\gamma}{\Omega}x_0$$

因此根據（5.17）式與（5.18）式，解就為

$$x(t) = e^{-\gamma t}x_0\left(\cos\Omega t + \frac{\gamma}{\Omega}\sin\Omega t\right) \quad \rfloor$$

圖形化之後就是這樣。

可以看出，砝碼在以週期 $2\pi/\Omega$ 振動的同時，會逐漸減少它的振幅。

這樣的運動我們稱作低阻尼振動。

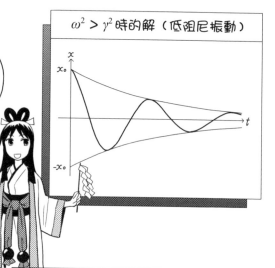

$\omega^2 > \gamma^2$ 時的解（低阻尼振動）

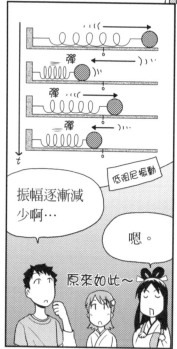

t

低阻尼振動

振幅逐漸減少啊⋯

嗯。

原來如此～

我們將振動的各峰值連結成線條來看。

啊！

這是指數函數嘛。

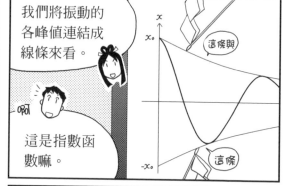

這條與

這條

正是，它就變成指數函數 $e^{-\gamma t}$ 了。

這裡的 γ 稱作振幅衰減率，決定了振幅衰減的速度。

振幅衰減率

γ

振幅衰減率的倒數 $\tau = 1/\gamma$ 稱為時間常數，

時間常數
$\tau = 1/\gamma$

週期對時間常數的比 $T/\tau = 2\pi\gamma/\Omega$ 就稱為對數衰減率。

對數衰減率
$T/\tau = 2\pi\gamma/\Omega$

低阻尼振動的振幅每經過一個週期就會變成 $e^{-T/\tau}$ 倍。

另外，低阻尼振動的週期，

喔，是剛剛算出來的式子

$$\lambda_1 = -\gamma + i\Omega, \quad \lambda_2 = -\gamma - i\Omega$$
$$\Omega = \sqrt{\omega^2 - \gamma^2}$$

根據這二式，

$$T = \frac{2\pi}{\Omega} = \frac{2\pi}{\sqrt{\omega^2 - \gamma^2}} > \frac{2\pi}{\omega}$$

就該是這樣。

比簡諧振動的週期 $2\pi/\omega$ 還長呢。

喔～

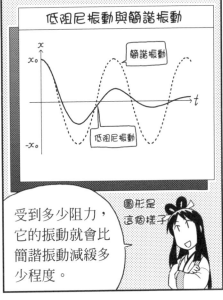

低阻尼振動與簡諧振動

簡諧振動

低阻尼振動

受到多少阻力，它的振動就會比簡諧振動減緩多少程度。

圖形是這個樣子

我們來看看低阻尼振動的實例。

腳踏車的避震器如果只有彈簧的話，車子會一直振動，

騎起來會很不舒服。

根本是不良品嘛

搖～啊～搖

晃動　晃動

彈簧

這就是簡諧振動吧

因此必須要加上能調整阻力的阻尼器，讓振動快速衰減。

這就是低阻尼運動了

阻尼器

原來如此。

舒適

超商與便利商店使用的雙開式彈簧門，也一樣有使用阻尼器唷。

喔～

如果門會一直開來開去的話就太危險了吧。

就是呀

想想還滿恐怖的…

沒人在那還一直動來動去的門…

接下來來看 $\omega^2 < \gamma^2$ 的情況

 「設 α 與 β 為任意常數，這時的一般解就為

$$x(t) = \alpha e^{-\gamma t + \Gamma t} + \beta e^{-\gamma t - \Gamma t}, \ \ \Gamma = \sqrt{\gamma^2 - \omega^2} \tag{5.19}$$

同樣將指數部分分為二部分，就變成

$$x(t) = e^{-\gamma t}(\alpha e^{\Gamma t} + \beta e^{-\Gamma t}) \tag{5.20}$$

這道式子怎麼瞧也找不出像是跟振動有關係的項目 [10]。這個解究竟是在記述怎樣的運動呢？」

 「在此，我們也同樣考慮將砝碼後拉、使彈簧伸長 x_0，在 $t = 0$ 時靜止放開的情況。初始條件為 $t = 0$、$x(0) = x_0$、$[dx/dt]_{t=0} = 0$，因此根據（5.20）式：

$$x(0) = e^{-\gamma 0}(\alpha e^{\Gamma 0} + \beta e^{-\Gamma 0}) = \alpha + \beta = x_0 \tag{5.21}$$

另外將（5.20）式對 t 微分，則根據

$$\frac{dx}{dt} = -\gamma e^{-\gamma t}(\alpha e^{\Gamma t} + \beta e^{-\Gamma t}) + e^{-\gamma t}(\alpha \Gamma e^{\Gamma t} - \beta \Gamma e^{-\Gamma t})$$

$$= e^{-\gamma t}\{(\Gamma - \gamma)\alpha e^{\gamma t} - (\Gamma + \gamma)\beta e^{-\gamma t}\}$$

就得到

$$\left[\frac{dx}{dt}\right]_{t=0} = e^{-\gamma 0}\{(\Gamma - \gamma)\alpha e^{\Gamma 0} - (\Gamma + \gamma)\beta e^{-\Gamma 0}\} = 0 \tag{5.22}$$

$$\therefore (\Gamma - \gamma)\alpha - (\Gamma + \gamma)\beta = 0$$

因此根據（5.21）式與（5.22）式，

---

10 指數部分為實數的指數函數，都是屬於單一變化趨勢（無論是增是減）的函數。一個函數要屬於上下振動的函數，指數部分就必須含有虛數才行。

$$\begin{cases} \alpha + \beta = x_0 \\ (\Gamma - \gamma)\alpha - (\Gamma + \gamma)\beta = 0 \end{cases}$$

$$\therefore \alpha = \frac{x_0}{2}\left(1 + \frac{\gamma}{\Gamma}\right), \ \beta = \frac{x_0}{2}\left(1 - \frac{\gamma}{\Gamma}\right)$$

解就為

$$x(t) = e^{-\gamma t}\left\{ \frac{x_0}{2}\left(1 + \frac{\gamma}{\Gamma}\right)e^{\Gamma t} + \frac{x_0}{2}\left(1 - \frac{\gamma}{\Gamma}\right)e^{-\Gamma t}\right\}$$

這樣當然也算解答，但使用雙曲線函數[11]

$$\cosh x = \frac{e^x + e^{-x}}{2}, \ \sinh x = \frac{e^x - e^{-x}}{2}$$

的話，就能得出類似尤拉公式的關係：

$$e^{\pm x} = \cosh x \pm \sinh x$$

將這個式子運用在一般解（5.20）就可以得到

$$x(t) = e^{-\gamma t}\left\{ \frac{x_0}{2}\left(1 + \frac{\gamma}{\Gamma}\right)(\cosh \Gamma t + \sinh \Gamma t) + \frac{x_0}{2}\left(1 - \frac{\gamma}{\Gamma}\right)(\cosh \Gamma t - \sinh \gamma t)\right\}$$

$$= e^{-\gamma t}x_0\left(\cosh \Gamma t + \frac{\gamma}{\Gamma}\sinh \Gamma t\right)$$

這樣就變得非常簡單了。」

---

11 唸作「雙曲正弦」、「雙曲餘弦」。

圖形化之後就是這樣。

$\omega_2 < \gamma_2$ 時的解（過阻尼）

咦？

砝碼的位置不會跑到負值了⋯

負值地帶

嗯嗯。

在 $\omega^2 < \gamma^2$ 的情況下，它就不會振動，而會持續衰減。

這樣的運動稱為過阻尼。

過阻尼

原本是要創造振動系統的模型，卻也會出現這種不振動的解耶。

喔喔

有些現象在創造模型時沒有預想到，

但在用微分方程式的形式引進數學世界的時候，就已經將它們全部囊括在內了。

這也是運用數學的強項之一唷。

過阻尼的情況下，衰減的速度有多慢，要看γ的大小。

一般解是由二個指數函數的和所構成，

就是這個

$$x(t) = \alpha e^{-\gamma t + \Gamma t} + \beta e^{-\gamma t - \Gamma t}, \quad \Gamma = \sqrt{\gamma^2 - \omega^2}$$

剛剛有出現過耶

嗯嗯

其中的這一項，

$$e^{\left(-\gamma - \sqrt{\gamma^2 - \omega^2}\right)t}$$

t變大時就會迅速衰減。相對的，

這一項

$$e^{\left(-\gamma + \sqrt{\gamma^2 - \omega^2}\right)t}$$

則幾乎不會衰減。

透過這樣的效果，整體就形成緩慢的衰減了。

$$e^{\left(-\gamma + \sqrt{\gamma^2 - \omega^2}\right)t}$$

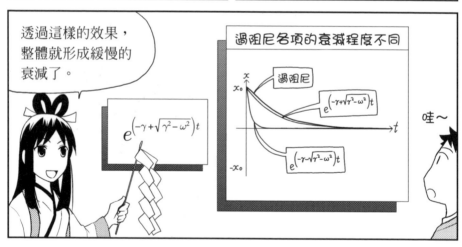

過阻尼各項的衰減程度不同

過阻尼

$$e^{\left(-\gamma + \sqrt{\gamma^2 - \omega^2}\right)t}$$

$$e^{\left(-\gamma - \sqrt{\gamma^2 - \omega^2}\right)t}$$

哇～

另外…

如果將腳踏車的避震器調整到過阻尼的話，

當施加在椅墊上的體重移開時，椅墊就不會振動而會緩緩上升。

沉下去之後一直都不會復原

感覺反應很慢，騎起來很不舒服呀…

緩慢復原

雙開式彈簧門如果調整到過阻尼的話，就要隔好一段時間門才會關上。

感覺這樣對調節房間冷暖的效率並不好呀…

緩緩關上

開著不管了～

這種運動難道不能活用在什麼地方嗎？

過阻尼

這個嘛…

它也可以表現出一種高雅感，

或許適合用在高級音響的 CD、DVD 蓋子的開關上呀。

原來如此…

緩緩打開

貴婦？

■考慮阻力時的解的解釋 3　（臨界阻尼）

現在來看 $\omega^2 = \gamma^2$ 的情況

「設 α 與 β 為任意常數，這時的一般解就為

$$x(t) = (\alpha + \beta t)e^{-\gamma t}$$ (5.23)

在這個情況中，我們也找不到看來與振動有關的項目。」

「這裡我們也同樣考慮將砝碼後拉、使彈簧伸長 x_0，在 $t = 0$ 時靜止放開的情況吧。初始條件為 $t = 0$、$x(0) = x_0$、$[dx/dt]_{t=0} = 0$，則根據一般解（5.23）式：

$$x(0) = (\alpha + \beta \cdot 0)e^{-\gamma \cdot 0} = \alpha = x_0$$ (5.24)

因此 $\alpha = x_0$，將（5.23）式對 t 微分，則根據

$$\frac{dx}{dt} = \beta e^{-\gamma t} + (\alpha + \beta t)(-\gamma)e^{-\gamma t}$$

$$= \{\beta - \gamma(\alpha + \beta t)\}e^{-\gamma t}$$

可以得到

$$\left[\frac{dx}{dt}\right]_{t=0} = \{\beta - \gamma(\alpha + \beta \cdot 0)\}e^{-\gamma \cdot 0} = 0$$

$$\therefore \beta = \gamma x_0$$

因此根據（5.24）式與（5.25）式，解就為

$$x(t) = (x_0 + \gamma x_0 t)e^{-\gamma t}$$

$$= x_0(1 + \gamma t)e^{-\gamma t}$$ (5.26)」

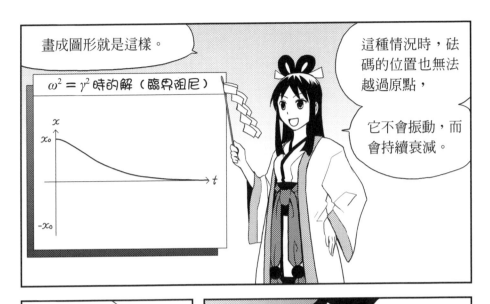

畫成圖形就是這樣。

$\omega^2 = \gamma^2$ 時的解（臨界阻尼）

這種情況時，砝碼的位置也無法越過原點，

它不會振動，而會持續衰減。

這樣的運動我們稱作臨界阻尼振動。

臨界阻尼

「臨界」就是邊界的意思，

代表它處在低阻尼振動與過阻尼振動的邊界上。

臨界阻尼

咦⋯？

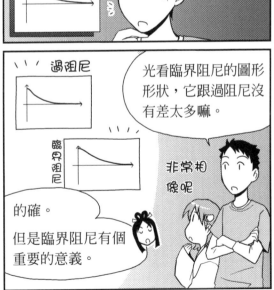

過阻尼

臨界阻尼

光看臨界阻尼的圖形形狀，它跟過阻尼沒有差太多嘛。

非常相像呢

的確。

但是臨界阻尼有個重要的意義。

比臨界阻尼的阻力更小，就變成低阻尼振動。

低阻尼振動的情況中，越過原點的時候就是運動速度最快的瞬間。

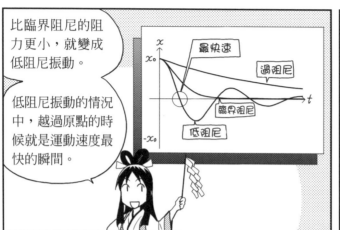

……？

呃…

看來你沒聽懂嘛

不是有種叫作「門弓器」的器具嗎？

它就是將彈簧或阻尼器調整到接近臨界阻尼的程度。

啊！

這在住宅的門上也常會用到耶。

我家的玄關也有裝

如果它被調整成低阻尼的話，

低阻尼

門關上的瞬間速度會很快，說不定還會把門弄壞呢。

感覺要是沒有門框的話就要飛出去了呢。

反過來，如果是過阻尼的話，

過阻尼

它會關得非～～常地慢。

慢慢

緩緩

……真讓人不耐煩。

趕快關上吧

如果是臨界阻尼的話，只需要簡諧振動週期的一半時間，就可以讓砝碼到達近乎原點的位置，

同時還不會超過原點，

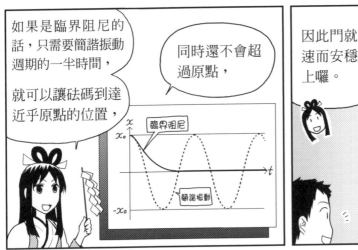

因此門就會迅速而安穩地關上囉。

原來如此，這真是舒坦。

儀器的指針運動也為了測量簡易起見，調整為臨界阻尼。

臨界阻尼真是重要耶。

未經調整

不耐煩 砰！

彈來彈去～

彈來彈去～

趕快停下來

電流計

經過調整

很好

停

腳踏車的避震器也是調整到臨界阻尼時的反應最好。

喔，乘坐起來真舒服！

平順地恢復了！

「目前我們在這裡已經解釋出沒有外力時的三種解了。」

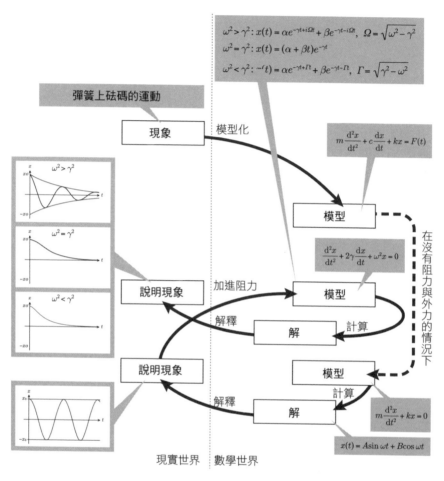

◆加入阻力的彈簧上砝碼運動的說明

「是。」

194

5. 前面的總結——特徵方程式

「前面我們以彈簧上砝碼的運動為例，示範了常係數二階齊次微分方程式的解法，在這邊先作個總結。要解常係數二階齊次微分方程式

$$a\frac{\mathrm{d}^2y}{\mathrm{d}x^2}+b\frac{\mathrm{d}y}{\mathrm{d}x}+cy=0 \qquad \text{←常係數二階齊次微分方程式（5.27）}$$

我們就設 λ 為常數，假設解為：

$$y(x)=e^{\lambda x} \qquad \text{←假設的解} \qquad (5.28)$$

　將假設的解（5.28）代入微分方程式（5.27）

$$a\frac{\mathrm{d}^2}{\mathrm{d}x^2}e^{\lambda x}+b\frac{\mathrm{d}}{\mathrm{d}x}e^{\lambda x}+ce^{\lambda x}=0$$

進行微分後得到：

$$a\lambda^2 e^{\lambda x}+b\lambda e^{\lambda x}+ce^{\lambda x}=0$$

將 $e^{\lambda x}$ 提出來變成：

$$(a\lambda^2+b\lambda+c)e^{\lambda x}=0 \qquad (5.29)$$

如前面所見，指數函數 $e^{\lambda x}$ 在 x 的所有領域中都必須不為零，因此
（5.29）式要能成立，

$$a\lambda^2+b\lambda+c=0 \qquad (5.30)$$

就必須為真。這式子屬於 λ 的二次方程式，因此解就為

$$\lambda_1=\frac{-b+\sqrt{b^2-4ac}}{2a},\ \lambda_2=\frac{-b-\sqrt{b^2-4ac}}{2a}$$

換句話說，相對於代數方程式（5.30）的二個解，我們可以得出微分
方程式（5.27）的二個解為：

$$y_1=e^{\lambda_1 x},\ y_2=e^{\lambda_2 x} \qquad \text{← 常係數二階齊次微分方程式的解}$$

　像這樣以代數方程式的解來得出微分方程式的解，這個代數方程式
（5.30）就稱為「特徵方程式」。只要能知道特徵方程式的解，就可
以得知微分方程式的解。由於二次方程式一定能夠解得出來，常係數
二階齊次微分方程式就一定有辦法解出來。」

「特徵方程式（5.30）的解，可以根據√（根號）的內部，也就是判別式 b^2-4ac 的符號不同而分成不同情況。當 $b^2 > 4ac$ 時會是二個實數解、$b^2 = 4ac$ 時則是重解、$b^2 < 4ac$ 則是相互共軛的二個複數解。我們來把這些情況都看過一遍。

$b^2 > 4ac$ 時，特徵方程式（5.30）的解為二個實數解：

$$\lambda_1 = \frac{-b + \gamma}{2a}, \ \lambda_2 = \frac{-b - \gamma}{2a}, \ \gamma = \sqrt{b^2 - 4ac}$$

因此設 α、β 為任意常數，微分方程式（5.27）的一般解就為：

$$y(x) = \alpha e^{-\frac{b}{2a}x + \frac{\gamma}{2a}x} + \beta e^{-\frac{b}{2a}x - \frac{\gamma}{2a}x}$$

$b^2 = 4ac$ 時，特徵方程式（5.30）的解為重解：

$$\lambda_1 = \lambda_2 = -\frac{b}{2a}$$

因此設 α、β 為任意常數，微分方程式（5.27）的一般解就為：

$$y(x) = (\alpha + \beta x)e^{-\frac{b}{2a}x}$$

$b^2 < 4ac$ 時，特徵方程式（5.30）的解為相互共軛的二個複數解：

$$\lambda_1 = \frac{-b + i\Gamma}{2a}, \ \lambda_2 = \frac{-b - i\Gamma}{2a}, \ \Gamma = \sqrt{4ac - b^2}$$

因此設 α、β 為任意常數，微分方程式（5.27）的一般解就為：

$$x(t) = \alpha e^{-\frac{b}{2a}t + i\frac{\Gamma}{2a}t} + \beta e^{-\frac{b}{2a}t - i\frac{\Gamma}{2a}t}$$

」

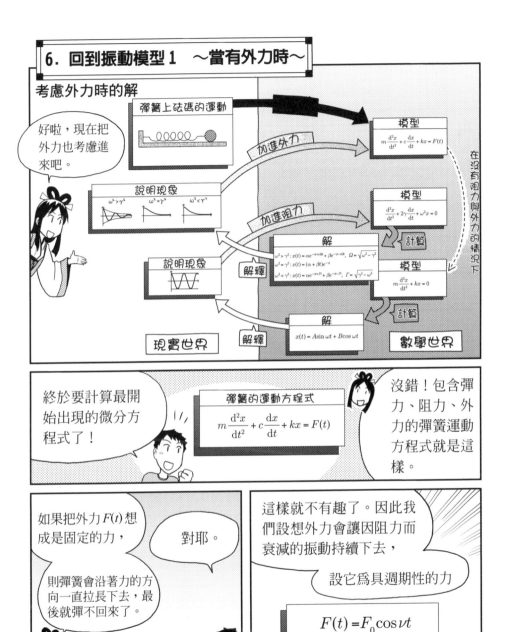

6. 回到振動模型 1　～當有外力時～

考慮外力時的解

好啦，現在把外力也考慮進來吧。

彈簧上砝碼的運動

模型
$$m\frac{d^2x}{dt^2} + c\frac{dx}{dt} + kx = F(t)$$

加進外力

說明現象

$\omega^2 > \gamma^2$　$\omega^2 = \gamma^2$　$\omega^2 < \gamma^2$

加進阻力

模型
$$\frac{d^2x}{dt^2} + 2\gamma\frac{dx}{dt} + \omega^2 x = 0$$

計算

解
$\omega^2 > \gamma^2$: $x(t) = \alpha e^{-\gamma t + i\Omega t} + \beta e^{-\gamma t - i\Omega t},\ \Omega = \sqrt{\omega^2 - \gamma^2}$
$\omega^2 = \gamma^2$: $x(t) = (\alpha + \beta t)e^{-\gamma t}$
$\omega^2 < \gamma^2$: $x(t) = \alpha e^{-\gamma t + \Gamma t} + \beta e^{-\gamma t - \Gamma t},\ \Gamma = \sqrt{\gamma^2 - \omega^2}$

解釋

說明現象

解釋

模型
$$m\frac{d^2x}{dt^2} + kx = 0$$

計算

解
$$x(t) = A\sin\omega t + B\cos\omega t$$

在沒有阻力與外力的情況下

現實世界

數學世界

終於要計算最開始出現的微分方程式了！

彈簧的運動方程式
$$m\frac{d^2x}{dt^2} + c\frac{dx}{dt} + kx = F(t)$$

沒錯！包含彈力、阻力、外力的彈簧運動方程式就是這樣。

如果把外力 $F(t)$ 想成是固定的力，

對耶。

則彈簧會沿著力的方向一直拉長下去，最後就彈不回來了。

癱軟～～～～～～～

F

這樣就不有趣了。因此我們設想外力會讓因阻力而衰減的振動持續下去，

設它為具週期性的力

$$F(t) = F_0 \cos \nu t$$

這樣來探討吧。

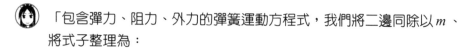

「包含彈力、阻力、外力的彈簧運動方程式，我們將二邊同除以 m、將式子整理為：

$$\frac{\mathrm{d}^2 x}{\mathrm{d}t^2} + \frac{c}{m}\frac{\mathrm{d}x}{\mathrm{d}t} + \frac{k}{m}x = \frac{F_0 \cos \nu t}{m}$$ （5.31）」

「這也是二階線性微分方程式耶。」

「我們與（5.1）式同樣地設

$$\frac{k}{m} = \omega^2$$

並且與 172 頁相同，設

$$\frac{c}{m} = 2\gamma$$

並設

$$\frac{F_0}{m} = f$$

微分方程式（5.31）就可以改寫為

$$\frac{\mathrm{d}^2 x}{\mathrm{d}t^2} + 2\gamma\frac{\mathrm{d}x}{\mathrm{d}t} + \omega^2 x = f\cos \nu t$$　←考慮到外力的運動方程式　（5.32）

這是一道非齊次微分方程式，我們就來解這道微分方程式吧！」

「既然是非齊次微分方程式，我們就要使用第 4 章所看過的參數變異法。根據 172 頁，對應於非齊次方程式（5.32）的齊次方程式就為

$$\frac{\mathrm{d}^2 x}{\mathrm{d}t^2} + 2\gamma\frac{\mathrm{d}x}{\mathrm{d}t} + \omega^2 x = 0$$

因此非齊次方程式（5.32）的解就模仿 180 頁 $\omega^2 > \gamma^2$ 時齊次方程式的解，假設為

$$x(t) = A\cos \nu t + B\sin \nu t$$　←假設的解　（5.33）

我們要讓常數 A、B 滿足微分方程式（5.32）。」

「假設的解（5.33）對 t 微分就得到

$$\frac{\mathrm{d}x(t)}{\mathrm{d}t} = A\frac{\mathrm{d}}{\mathrm{d}t}\cos\nu t + B\frac{\mathrm{d}}{\mathrm{d}t}\sin\nu t$$

$$= -A\nu\sin\nu t + B\nu\cos\nu t$$

$$\frac{\mathrm{d}^2x(t)}{\mathrm{d}t^2} = -A\nu\frac{\mathrm{d}}{\mathrm{d}t}\sin\nu t + B\nu\frac{\mathrm{d}}{\mathrm{d}t}\cos\nu t$$

$$= -A\nu^2\cos\nu t - B\nu^2\sin\nu t$$

因此代入微分方程式（5.32）就為

$$\{-A\nu^2\cos\nu t - B\nu^2\sin\nu t\} + 2\gamma\{-A\nu\sin\nu t + B\nu\cos\nu t\} + \omega^2(A\cos\nu t + B\sin\nu t)$$
$$= f\cos\nu t$$

統整起來就變成

$$\{(\omega^2 - \nu^2)A + 2\gamma\nu B\}\cos\nu t + \{-2\gamma\nu A + (\omega^2 - \nu^2)B\}\sin\nu t = f\cos\nu t$$

要滿足這個式子，下列式子就必須成立：

$$\begin{cases} (\omega^2 - \nu^2)A + 2\gamma\nu B = f \\ -2\gamma\nu A + (\omega^2 - \nu^2)B = 0 \end{cases}$$

解出這道聯立方程式，我們就可以得出常數 A、B 為

$$A = \frac{\omega^2 - \nu^2}{(\omega^2 - \nu^2)^2 + (2\gamma\nu)^2}f, \quad B = \frac{2\gamma\nu}{(\omega^2 - \nu^2)^2 + (2\gamma\nu)^2}f$$

根據所假設的解（5.33），特殊解就為

$$x(t) = \frac{\omega^2 - \nu^2}{(\omega^2 - \nu^2)^2 + (2\gamma\nu)^2}f\cos\nu t + \frac{2\gamma\nu}{(\omega^2 - \nu^2)^2 + (2\gamma\nu)^2}f\sin\nu t \qquad (5.34)$$

因此微分方程式（5.32）的一般解，可以表示為齊次方程式

$$\frac{\mathrm{d}^2x}{\mathrm{d}t^2} + 2\gamma\frac{\mathrm{d}x}{\mathrm{d}t} + \omega^2 x = 0$$ 的一般解（5.16）：

$$x(t) = e^{-\gamma t}(a\cos\Omega t + b\sin\Omega t), \quad \Omega = \sqrt{\omega^2 - \gamma^2}$$

與非齊次方程式（5.32）的特殊解（5.34）的和，就是：

$$x(t) = e^{-\gamma t}(a\cos\Omega t + b\sin\Omega t)$$

$$+ \frac{\omega^2 - \nu^2}{(\omega^2 - \nu^2)^2 + (2\gamma\nu)^2}f\cos\nu t + \frac{2\gamma\nu}{(\omega^2 - \nu^2)^2 + (2\gamma\nu)^2}f\sin\nu t \qquad (5.35)」$$

「我們終於獲得一般解了！」

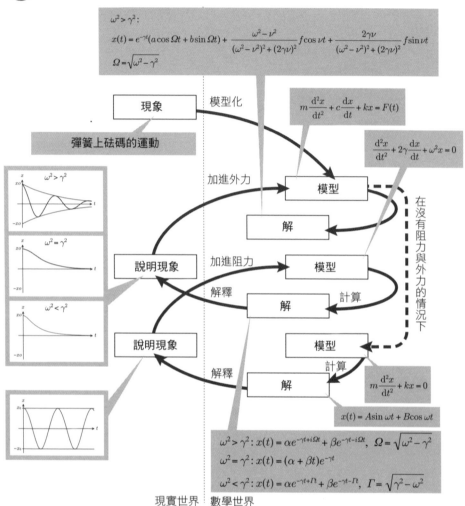

◆加入外力的彈簧上砝碼運動的說明

 「是。」

■考慮外力時的解的解釋

「這裡我們來探討一下，當砝碼靜止在原點，受到角頻率等於固有角頻率的週期性外力作用的情況。設初始條件為：$t = 0$ 時 $x(0) = x_0$、$[dx/dt]_{t=0} = 0$，另外由於外力的角頻率等於固有角頻率，因此 $v = \omega$。首先將 $v = \omega$ 帶入一般解（5.35）得到：

$$x(t) = e^{-\gamma t}(a\cos\Omega t + b\sin\Omega t) + \frac{f}{2\gamma\omega}\sin\omega t \qquad (5.36)$$

將初始條件 $x(0) = x_0$ 套用於此：

$$x(0) = e^{-\gamma\cdot 0}\{a\cos(\Omega\cdot 0) + b\sin(\Omega\cdot 0)\} + \frac{f}{2\gamma\omega}\sin(\omega\cdot 0) = a = 0 \qquad (5.37)$$

另外，解（5.36）對 t 微分得到：

$$\frac{dx}{dt} = -\gamma e^{-\gamma t}(a\cos\Omega t + b\sin\Omega t) + e^{-\gamma t}(-a\Omega\sin\Omega t + b\Omega\cos\Omega t) + \frac{f}{2\gamma}\cos\omega t$$

因此

$$\left[\frac{dx}{dt}\right]_{t=0} = e^{-\gamma\cdot 0}\{(-\gamma a + b\Omega)\cos(\Omega\cdot 0) - (\gamma b + a\Omega)\sin(\Omega\cdot 0)\} + \frac{f}{2\gamma}\cos(\omega\cdot 0) \quad (5.38$$

$$= -\gamma a + b\Omega + \frac{f}{2\gamma} = 0 \qquad (5.38)$$

於是根據（5.37）式與（5.38）式得到

$$\begin{cases} a = 0 \\ -\gamma a + b\Omega + \dfrac{f}{2\gamma} = 0 \end{cases} \quad \therefore \quad \begin{cases} a = 0 \\ b = -\dfrac{f}{2\gamma\Omega} \end{cases}$$

將（5.39）式代入一般解（5.36），得到解為：

$$x(t) = e^{-\gamma t}\left(-\frac{f}{2\gamma\Omega}\sin\Omega t\right) + \frac{f}{2\gamma\omega}\sin\omega t$$

為了簡單起見，我們設 $\gamma << \omega$、$\Omega \sim \omega$，解就可以表示為：

$$x(t) = \frac{f}{2\gamma\omega}(1 - e^{-\gamma t})\sin\omega t$$

」

「喔喔－－！」

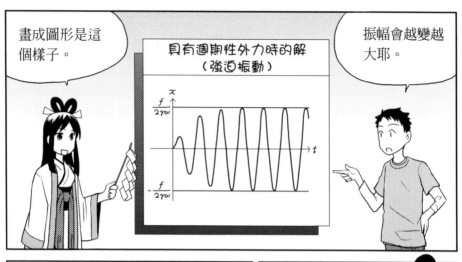

畫成圖形是這個樣子。

振幅會越變越大耶。

沒錯。而且我們可以看出來，它會越來越近似於固定振幅的簡諧振動。

真的耶

後半段很相似呢

這種振動

我們就稱爲強迫振動。

另外，在外力的角頻率等同於固有角頻率時，它的振幅會達到最大，

$$\nu = \omega$$

是。

這樣的現象稱作共振或者共鳴。

好，
如果有一定程度的阻力存在，振幅相對會較快達到固定狀態。

阻力

但是如果阻力太小，振幅就會越來越大，

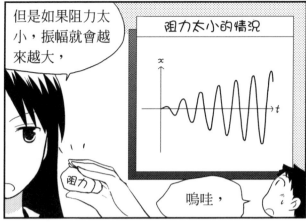

阻力

嗚哇，

如果這樣一直拉長下去，彈簧會壞掉吧。

拉長拉長～～～～～

斷裂

在現實中，的確有吊橋受到風吹而斷裂的例子，

這是因為風所產生的漩渦的壓力變化，與吊橋產生共振的緣故。

喀啦喀啦

好恐怖唷。

所以不只是橋樑，建造建築物與滑翔機時都要為了確保不會損壞而需考慮到共振現象。

原來如此～

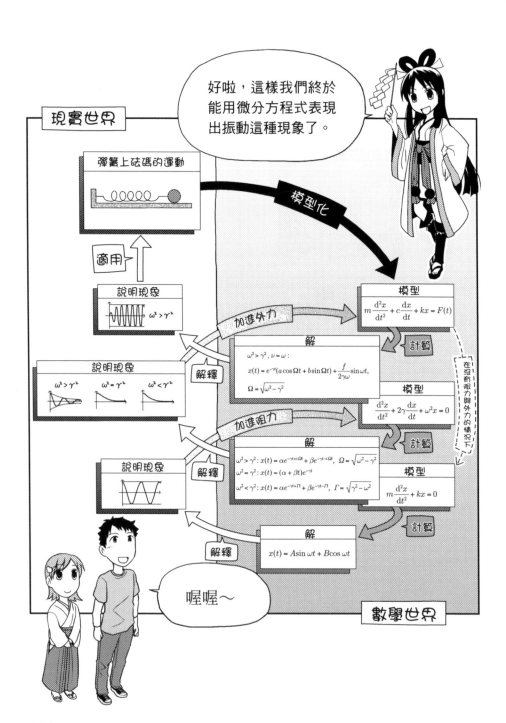

如何？你了解微分方程式了嗎？

是！

它感覺起來就像這樣…在不斷旋轉當中漸漸接近所要求的目標。

可能是因為姬神大人舉的例子都很簡明易懂的關係吧！

那、那是因為大地的領悟力太差了嘛！

我是沒辦法才這樣舉的！！

不過…

謝謝你。

我也因此領會到深入淺出的重要性。

咦？
沒有啦…

太好了…

姬神大人與大地哥…

看來都跨越了彼此的藩籬呢。

爲了建立對模型化的直覺，你最好能多去解各種問題唷。

好的！
謝謝您。

好啦…

大地，

你的願望我就實現到這邊。

你就好好加油吧！

再見啦～
揮揮手

咦？

那個、姬神大人，

姬神大人…

看來變得很忙碌了呀。

是呀…

啊啊啊啊～～～

這回就讓我來實現姬神大人的願望吧！

要是太難吃的話你就準備遭天譴吧！

呃…是！

附錄

　　近來要喝到各式各樣的咖啡是很輕易的一件事，對於咖啡愛好者來說真是件好事。如果只求儘速取得的話，也有遍佈各地、各式各樣的罐裝咖啡自動販賣機。

　　不過罐裝的溫咖啡會逐漸冷掉。為此，剛從自動販賣機掉出來的罐裝咖啡有時會加熱到讓人快拿不住甚至連直接喝都可能會燙傷的程度。而這些咖啡究竟要等多久才能冷卻到可以喝的溫度？

　　咖啡溫度下降的狀態，也可以用微分方程式來加以模型化。當放置一罐比周遭溫度還溫熱的咖啡時，咖啡的溫度就會逐漸下降。測量溫度對時間的變化，會發現它與咖啡對周遭空氣的溫度差成正比[1]。設時間為 t、咖啡溫度為 $T(t)$、周遭空氣的溫度為 T_e，則比例常數如果為 k，微分方程式就是：

$$\frac{dT}{dt} = -k(T - T_e) \qquad \leftarrow 記述咖啡溫度隨時間變化的微分方程式$$

這稱為牛頓冷卻定律[2]。

　　我們來解解看吧！首先先確認變數有哪些。

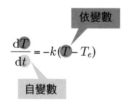

依變數

自變數

雖然有多出一些東西，但這還是分離變數型吧。將二邊同除以 $T-T_e$，得到

$$\frac{1}{T - T_e} \frac{dT}{dt} = -k$$

對二邊進行積分。

$$\int \frac{1}{T - T_e} dT = -k \int dt$$

左邊為變數 T、右邊為變數 t，二個變數的積分被分離到二邊。

1　如果你手邊有溫度計、手錶與繪圖紙的話，馬上就能夠進行驗證。
2　它所要說明的不是溫度對時間的變化，而是熱量對時間的變化。如果熱容量不會隨溫度變化，其表示出來的結果將會是相同的。

$$\int \frac{1}{T-T_e}\,\mathrm{d}T = -k\int \mathrm{d}t$$

分別求出左邊與右邊各自的積分，

$$\int \frac{1}{T-T_e}\,\mathrm{d}T = \ln|T-T_e| + C$$

$$-k\int \mathrm{d}t = -kt + C$$

因此將積分常數合併起來，就會變成

$$\ln|T-T_e| = -kt + C$$

溫度對時間的函數 $T(t)$ 就為

$$T(t) - T_e = e^{-kt+C} \quad \leftarrow 微分方程式的解$$

得到微分方程式的解。

接下來要決定積分常數。設時刻 $t = 0$ 時的咖啡溫度 $T(0) = T_0 (> T_e)$ 的話[3]，將這作為初始條件，則：

$$T(0) - T_e = e^c$$

因此

$$T_0 - T_e = e^c$$

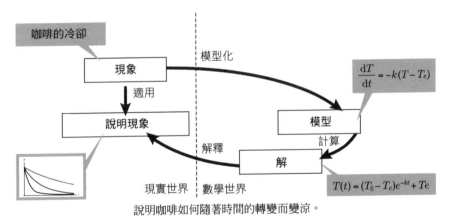

說明咖啡如何隨著時間的轉變而變涼。

◆說明咖啡的冷卻現象

---

3 表示它不是冰涼的咖啡，而是溫熱的咖啡。

表示咖啡的函數就可以寫成：

$$T(t) = (T_0 - T_e)e^{-kt} + T_e$$

解的曲線會是放射性衰變的曲線圖形[4]。如果參數 k 增大的話，咖啡就會冷卻的更快。

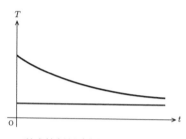

形成放射性衰變的曲線圖形。

◆**表示咖啡溫度 T 隨時間 t 變化的圖形**

　　也就是說，過熱的咖啡從自動販賣機拿出來時，如果我們能測量短時間內的溫度變化來確定參數 k 的話，就能夠預測它何時可以入口了。不過，預測過後，你可不能把它吹涼囉。因為這樣會改變 k 的值，而使預測失準。

4　習慣之後，你在看到微分方程式時就可以畫得出圖形的形狀來。好好修行吧！

2. 火箭的飛行

　　位於北海道十勝地區，鄰近太平洋岸邊的大樹町，以「營造宇宙的社區」為目標，曾進行過以壓克力與石蠟作為固態燃料的混合式火箭[5]的發射實驗。火箭是將自身質量的一部分捨棄後來獲得向前的運動量。大部分的火箭都是以推進劑及氧化劑進行化學反應、產生燃燒氣體向後方噴出而飛行[6]。由於我們不可能將火箭的質量全部丟棄[7]，因而火箭到達時的速度就會有個上限，這個速度的上限就稱作到達速度。我們來計算火箭的到達速度吧！

　　設時間為 t、火箭速度為 $V(t)$、火箭質量為 M、火箭內燃機排放氣體的排放速度為 v，則微分方程式就為

$$\frac{\mathrm{d}V}{\mathrm{d}M} = -\frac{v}{M} \quad \leftarrow \text{記述火箭速度的微分方程式}$$

　　這屬於分離變數型。設丟棄質量之前的火箭質量為 M_i、丟棄質量後的火箭質量為 M_f，其解就為：

$$V = v\ln\left(\frac{M_i}{M_f}\right) \quad \leftarrow \text{微分方程式的解}$$

　　這道式子稱為「齊奧爾科夫斯基火箭方程式」，使用它可以算出火箭的到達速度。比方說，假設一座小型火箭，使用排氣速度 $v = 1500$ m / s的火箭內燃機，發射前的火箭質量為 $M_i = 10$ kg、推進材料燃燒後的火箭質量 $M_f = 9$ kg，其到達速度就為 $V = 158$ m / s。

5　火箭的推進劑與氧化劑分別使用了固體與液體。
6　像離子推進式火箭這樣利用電能的火箭也正在被實用化。
7　火箭就像是種載著貨物的貨車，因此火箭本體及所載貨物的質量不可能完全噴出而不殘留。

3. 感覺量

我們身體的某些反應，也能夠使用分離變數型的微分方程式來說明。比方說，請你閉上眼睛拿著 10 公克的東西。當質量變成二倍時會是 20 公克，但你卻不會感覺到二倍的重量。除非要拿著 100 公克的東西，才會感受到二倍的重量。我們的感覺是呈對數狀態的。不只是重量感而已，對聲音大小的感覺也是一樣的。這就稱為「費希納定律」。

設物理強度為 I、感覺強度為 $E(I)$，常數為 k，則微分方程式就可以寫成

$$\frac{dE}{dI} = \frac{k}{I} \quad \leftarrow 記述感覺強度的微分方程式$$

解出來就得到

$$E = k\ln\left(\frac{I}{I_0}\right) \quad \leftarrow 微分方程式的解$$

其中，我們所能感覺到最低限度的刺激，其反應設定設為零。

$$E(I_0) = 0$$

參數 k 與 I_0 會根據感覺類型與個人的不同而有所差異[8]。

---

8 有敏感的人，也有遲鈍的人。

參數變異法，是先求取容易求得的解，並修正這個解以滿足原來想解的微分方程式。這種解法不但對自然現象有用，對社會現象也是有效的。

世界上充斥著各式各樣的廣告，爲什麼會有那麼多廣告存在呢？這是因爲如果不作宣傳的話，銷售量就會降低[9]。事實上，如果完全不作促銷活動，銷售程度會以指數函數的方式減少[10]。以下我們來用微分方程式將這種狀態模型化吧。

根據調查結果，設 λ 與 μ 爲常數，銷售速度（每單位時間的販賣數量）S 隨時間 t 做變化，就可以用指數函數

$$S(t) = e^{-\lambda t + \mu} \tag{A.1}$$

加以說明。當然，如果是從個人的角度來說明時，對於這個人會買或不買，我們只能從機率上去看。這個函數所要說明的道理在於，當我們注意的是大量人群的集體趨勢時，不做廣告的銷售速度就能用（A.1）所表示的函數加以說明。

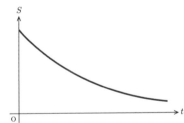

◆不做廣告時，銷售速度隨時間的變化

而這個函數屬於分離變數型微分方程式的解，這我們都已經很熟悉了。參考分離變數型的狀態，滿足這道函數的微分方程式就可以表示爲[11]

$$\frac{\mathrm{d}S}{\mathrm{d}t} = -\lambda S$$

這就是說明在不做廣告時的銷售速度的微分方程式。

9　或者説，因為害怕銷售量降低。
10　參考《Modelling with Differential Equations》（D.N.Burghes, M.S.Borrie），但資料有些舊。
11　如果你懷疑是否真的如此，請代入函數 S 來驗證一下。

那，如果有做廣告的話會如何呢？做過廣告後，在看過這個廣告的人當中，就會出現購買商品的人[12]。假設看過廣告的人當中，會出現一定比例的人來購買商品，則銷售速度應當會與看過廣告的人的比例$A(t)$呈正比增加才對。那麼，是不是只要有在做廣告，就能無止盡地販賣商品呢？當然絕非如此。能夠購買商品的人是有限的，因此速度終究會到頂，銷售速度會固定下來才對[13]。也就是說，銷售速度有它的極限（銷售速度的飽和量）M存在，實際的銷售速度S越接近銷售速度的飽和量M，銷售速度應當越來越遲緩才對。換句話說，銷售速度S會與銷售速度的飽和量M對銷售速度S的差（銷售速度提昇的餘地）$M-S$呈正比。銷售速度提昇的餘地$M-S$對於銷售速度飽和量M的比例（$M-S$）$/M$，代表銷售速度增長的程度。綜合起來，若設γ為常數，則做過廣告的銷售速度對時間的變化，就與

$$\gamma A \cdot \frac{M-S}{M}$$

呈正比。因此，微分方程式就可以用

$$\frac{\mathrm{d}S}{\mathrm{d}t} = -\lambda S + \gamma A \cdot \frac{M-S}{M}$$

來表示。整理右邊式子後就可以得到

$$-\lambda S + \gamma A \cdot \frac{M-S}{M} = -\lambda S + \gamma A - \gamma \frac{AS}{M} = -\left(\lambda + \gamma \frac{A}{M}\right)S + \gamma A$$

所以微分方程式就成為

$$\frac{\mathrm{d}S}{\mathrm{d}t} = -\left(\lambda + \gamma \frac{A}{M}\right)S + \gamma A \qquad \leftarrow 原本想解的非齊次方程式 \qquad (A.2)$$

這樣的非齊次方程式。我們趕緊用參數變異法來解它吧。

對應於非齊次方程式（A.2）的齊次方程式為

$$\frac{\mathrm{d}S}{\mathrm{d}t} = -\left(\lambda + \gamma \frac{A}{M}\right)S \qquad \leftarrow 齊次方程式 \qquad (A.3)$$

因此我們首先使用分離變數法來解它。經過變數分離後得到

$$\int \frac{\mathrm{d}S}{S} = -\left(\lambda + \gamma \frac{A}{M}\right) \int \mathrm{d}t$$

---

12 雖然不一定做了廣告就會有人購買，不過請把這裡所說的當作是一個具有效力的廣告。

13 所以賣東西的人都很希望能擴大市場呢。不過再怎麼擴大，也不可能超過地球上的人口。還是說要賣給外星人？

二邊各自積分：

$$\ln|S| = -\left(\lambda + \gamma\frac{A}{M}\right)t + C$$

所要求的解就爲

$$S = \pm e^{-\left(\lambda + \gamma\frac{A}{M}\right)t+C}$$

將常數設爲 $C = \pm e^C$ 合併起來，就變成

$$S = ce^{-\left(\lambda + \gamma\frac{A}{M}\right)t} \qquad \leftarrow 齊次方程式的一般解 \qquad (A.4)$$

這就是齊次方程式（A.3）的一般解。

接下來，對齊次方程式的一般解（A.4）做出修正，以滿足非齊次方程式（A.2）。將常數 c 改換爲時間 t 的常數 $c(t)$，

$$S(t) = c(t)e^{-\left(\lambda + \gamma\frac{A}{M}\right)t} \qquad \leftarrow 假設的非齊次方程式的解$$

由於這個假設的解必須滿足微分方程式（A.2），我們將它代入並進行微分：

$$\frac{\mathrm{d}c(t)}{\mathrm{d}t}e^{-\left(\lambda + \gamma\frac{A}{M}\right)t} + c(t)\left(-\left(\lambda + \gamma\frac{A}{M}\right)e^{-\left(\lambda + \gamma\frac{A}{M}\right)t}\right) = -\left(\lambda + \gamma\frac{A}{M}\right)c(t)e^{-\left(\lambda + \gamma\frac{A}{M}\right)t} + \gamma A$$

整理後得到

$$\frac{\mathrm{d}c(t)}{\mathrm{d}t} = \gamma A e^{\left(\lambda + \gamma\frac{A}{M}\right)t}$$

設置 $\alpha = \lambda + \gamma\frac{A}{M}$，積分後爲

$$c(t) = \gamma A \int e^{\alpha t}\mathrm{d}t = \gamma A\frac{e^{\alpha t}}{\alpha} + c'$$

因此所欲求的一般解就爲

$$S(t) = \left(\gamma A\frac{e^{\alpha t}}{\alpha} + c'\right)e^{-\alpha t} = \frac{\gamma A}{\alpha} + c'e^{-\alpha t} \qquad \leftarrow 非齊次方程式的一般解 \qquad (A.5)$$

爲了找出這個解究竟是如何說明廣告效應的，我們來設定一些具體的條件吧。即使不做廣告，還是有部分人會購買商品，這想起來還滿合理的。因此設廣告開始的時間點爲 $t = 0$，銷售速度 S 的初始值設爲 $S(0) = S_0$。另外，我們假設在 $0 < t < T$ 的期間內進行固定的廣告，則看到廣告的人的比

例就固定爲

$$A(t) = A \ (0 < t < T)$$

將銷售速度的初始值 $S(0) = S_0$ 代入解（A.5）得到

$$S(0) = S_0 = \frac{\gamma A}{\alpha} + c'e^{-\alpha \cdot 0}$$

$$\therefore c' = S_0 - \frac{\gamma A}{\alpha}$$

因此在 $0 < t < T$ 的期間內，銷售速度就爲

$$S(t) = \frac{\gamma A}{\alpha} + \left(S_0 - \frac{\gamma A}{\alpha} \right)e^{-\alpha t} \quad \leftarrow 0 < t < T 時的銷售速度 \qquad (A.6)$$

我們可以看出，廣告剛開始時，銷售速度會急遽增加，但它會逐漸緩和下來並接近某個固定的數值。

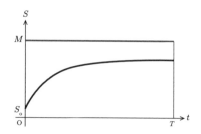

◆有做廣告時，銷售速度隨時間的變化

如果中斷廣告的話又會如何呢？假設廣告在 $t = T$ 時中斷，由於 $t > T$ 的期間內 $A = 0$，因此微分方程式（A.5）就會變成

$$\frac{\mathrm{d}S}{\mathrm{d}t} = -\lambda S$$

一般解與調查結果所得出的式子（A.1）同樣爲

$$S(t) = c''e^{-\lambda t} \quad \leftarrow 齊次方程式的一般解 \qquad (A.7)$$

但是這次由於廣告的關係，銷售速度提高了，因此在 $t = T$ 的時間點上，銷售速度 $S(T)$ 會開始減少。將 $t = T$ 代入在 $0 < t < T$ 的期間內的銷售速度（A.6）可以得到

$$S(T) = \frac{\gamma A}{\alpha} + \left(S_0 - \frac{\gamma A}{\alpha} \right)e^{-\alpha T}$$

因此根據一般解（A.7），

$$S(T) = c''e^{-\lambda T} = \frac{\gamma A}{\alpha} + \left(S_0 - \frac{\gamma A}{\alpha}\right)e^{-\alpha T}$$

$$\therefore c'' = \left(\frac{\gamma A}{\alpha} + \left(S_0 - \frac{\gamma A}{\alpha}\right)e^{-\alpha T}\right)e^{\lambda T}$$

所以解就為：

$$S(t) = \left(\frac{\gamma A}{\alpha} + \left(S_0 - \frac{\gamma A}{\alpha}\right)e^{-\alpha T}\right)e^{-\lambda(t-T)} \qquad \leftarrow t > T\text{時的銷售速度}$$

當廣告中斷時，銷售速度就開始逐漸減少了。

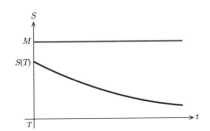

◆廣告中斷時，銷售速度隨時間的變化

　　雖然現實的經濟並不會如此單純[14]，但在大量人群的集體活動中個性會被平均化，人類的行為也可以用微分方程式加以說明，這實在很饒富趣味。

---

14 事實上，人們已經有更複雜的模型了。

在第 3 章中，我們看過了用參數變化法解非齊次線性微分方程式的方法，但其實還有其他解法。以下就大略地看過一遍吧。

將非齊次方程式

$$\frac{\mathrm{d}y}{\mathrm{d}x} + p(x)y = q(x) \qquad \leftarrow 非齊次方程式$$

二邊同乘上某個函數 $\mu(x)$，就變成

$$\mu(x)\frac{\mathrm{d}y}{\mathrm{d}x} + \mu(x)p(x)y = \mu(x)q(x) \tag{A.8}$$

如果這個函數 $\mu(x)$ 剛剛好具有

$$\frac{\mathrm{d}(\mu(x)y)}{dx} = \mu(x)q(x)$$

的性質，則因爲這道微分方程式的右邊屬於只有 x 的函數，積分過後就可以得到解

$$\mu(x)y = \int \mu(x)q(x)\mathrm{d}x \tag{A.9}$$

究竟有沒有這樣剛剛好的函數 $\mu(x)$ 呢？我們可以來調查一下。由於積的微分就爲

$$\frac{\mathrm{d}(\mu(x)y)}{\mathrm{d}x} = \frac{\mathrm{d}\mu(x)}{\mathrm{d}x}y + \mu(x)\frac{\mathrm{d}y}{\mathrm{d}x}$$

因此與微分方程式（A.8）比較一下，如果能得到

$$\frac{\mathrm{d}\mu(x)}{\mathrm{d}x} = \mu(x)p(x) \qquad \leftarrow 分離變數型的微分方程式$$

這樣的關係，就表示它剛好是合適的。由於這屬於分離變數型

$$\int \frac{\mathrm{d}\mu(x)}{\mu(x)} = \int p(x)dx$$

因此解就爲

$$\ln\left|\mu(x)\right| = \int p(x)\mathrm{d}x$$

$$\therefore \mu(x) = \pm e^{\int p(x)\mathrm{d}x} \qquad \leftarrow 積分因子$$

我們找出一個剛剛好的函數了。這個剛剛好的函數就稱爲積分因子。既然知道了積分因子，根據（A.9）式，

$$y = \frac{\displaystyle\int \mu(x)q(x)\mathrm{d}x}{\mu(x)} \tag{A.10}$$

就求出了非齊次方程式的一般解。

我們試著利用積分因子來解前面廣告效應提到的非齊次方程式（A.2）。以 $\alpha = \lambda + \gamma\dfrac{A}{M}$ 代換過後式子爲：

$$\frac{\mathrm{d}S}{\mathrm{d}t} = -\alpha S + \gamma A \qquad \leftarrow 非齊次方程式$$

積分因子 $\mu(t)$ 就爲：

$$\mu(t) = \pm e^{\int \alpha \mathrm{d}t} = \pm e^{\alpha t + C} = \pm e^{C}e^{\alpha t} = ce^{\alpha t}$$

正如我們在一般解（A.10）所看到的，積分因子具有常數倍的任意性，因此所包含的積分常數 $C = \pm e^{C}$ 必須爲 1。也就是說

$$\mu(t) = e^{\alpha t} \qquad \leftarrow 積分因子$$

就爲積分因子。因此一般解就是

$$S(t) = \frac{\displaystyle\int \mu(t)\gamma A\mathrm{d}t}{\mu(t)} = \frac{\displaystyle\int e^{\alpha t}\gamma A\mathrm{d}t}{e^{\alpha t}} = \frac{\gamma A}{\alpha} + c'e^{-\alpha t} \qquad \leftarrow 非齊次方程式的一般解$$

與（A.5）的一般解完全一致。如果能像這樣找出積分因子這種剛剛好的函數[15]，要解非齊次方程式就非常簡單了。

---

15 由於積分因子不經過積分就找不出來，因此並非任何時候都能夠找得到。

6. 再談羅吉斯模型

146 頁參數變異法提到的非齊次方程式：

$$\frac{\mathrm{d}y}{\mathrm{d}x} + p(x)y = q(x)$$　←非齊次方程式（線性微分方程式）

如果再發展下去，就可以寫成

$$\frac{\mathrm{d}y}{\mathrm{d}x} + p(x)y = q(x)y^n$$　←柏努利微分方程式（非線性微分方程式）（A.11）

的形式。在 $n = 0$ 時它屬於非齊次方程式，$n = 1$ 時屬於齊次方程式，也就是線性方程式。在其他的情況下，則屬於被稱作「柏努利微分方程」的非線性微分方程式。柏努利微分方程能夠透過變數變換轉變成線性微分方程式，再以參數變異法來解它。

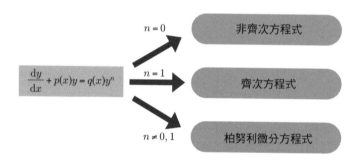

◆齊次方程式、非齊次方程式、柏努利微分方程式

我們將柏努利微分方程的依變數 y 改換為

$$z = \frac{1}{y^{n-1}}$$　←變數變換　（A.12）

就可以把它變為線性微分方程式。來試試吧。將柏努利微分方程（A.11）兩邊同除以 y^n，就是

$$\frac{1}{y^n}\frac{\mathrm{d}y}{\mathrm{d}x} + p(x)\frac{1}{y^{n-1}} = q(x)$$　（A.13）

而將（A.12）式二邊同對 x 微分，則為

$$\frac{\mathrm{d}z}{\mathrm{d}x} = -(n-1)\frac{1}{y^n}\frac{\mathrm{d}y}{\mathrm{d}x}$$

$$\therefore \frac{1}{y^n}\frac{\mathrm{d}y}{\mathrm{d}x} = -\frac{1}{n-1}\frac{\mathrm{d}z}{\mathrm{d}x}$$

因此將它與（A.12）式代入（A.13）式，就可以寫作

$$-\frac{1}{n-1}\frac{\mathrm{d}z}{\mathrm{d}x} + p(x)z = q(x)$$

為了讓它易懂一點，我們將二邊同乘以 $1-n$，就變成

$$\frac{\mathrm{d}z}{\mathrm{d}x} + (1-n)p(x)z = (1-n)q(x) \qquad \leftarrow 非齊次方程式（線性微分方程式）$$

可以看出來，這樣就變成線性微分方程式了。這樣一來可真太好了。既然是非齊次方程式，我們可以用參數變化法、也可以用積分因子解法來解它。這就表示，柏努利微分方程式可以透過變數變換加以線性化，進而用我們手上所擁有的工具去解它。

107 頁中，利用「部分分式展開」這項技巧，用分離變數法解開的羅吉斯模型微分方程式，其實就是柏努利微分方程式。回憶一下，設人口為 P、人口的飽和量為 K、馬爾薩斯參數為 μ，微分方程式就為

$$\frac{\mathrm{d}P}{\mathrm{d}t} = \mu\left(1 - \frac{P}{K}\right)P$$

將右邊展開變形後得到

$$\frac{\mathrm{d}P}{\mathrm{d}t} - \mu P = -\frac{\mu}{K}P^2 \qquad \leftarrow 柏努利微分方程（非線性微分方程式）\qquad (A.14)$$

這式子很明顯是 $n = 2$ 的柏努利微分方程。

將非線性微分方程式（A.14）二邊同除以 P^2 得到

$$\frac{1}{P^2}\frac{\mathrm{d}P}{\mathrm{d}t} - \mu\frac{1}{P} = -\frac{\mu}{K} \qquad\qquad (A.15)$$

在此我們將依變數 P 代換為

$$z = \frac{1}{P} \qquad \leftarrow 變數變換 \qquad\qquad (A.16)$$

對 t 微分後得到

$$\frac{\mathrm{d}z}{\mathrm{d}t} = -\frac{1}{P^2}\frac{\mathrm{d}P}{\mathrm{d}t}$$

$$\therefore \cdot \frac{1}{P^2}\frac{\mathrm{d}P}{\mathrm{d}t} = -\frac{\mathrm{d}z}{\mathrm{d}t}$$

因此利用這個式子，非線性微分方程式（A.15）就可以變為

$$\frac{\mathrm{d}z}{\mathrm{d}t} + \mu z = \frac{\mu}{K} \qquad \leftarrow \text{非齊次方程式（線性微分方程式）} \qquad (\text{A.17})$$

就成了線性微分方程式，而它屬於非齊次方程式。接下來就要作參數變異法了。首先來解齊次方程式

$$\frac{\mathrm{d}z}{\mathrm{d}t} + \mu z = 0 \qquad \leftarrow \text{齊次方程式}$$

經過變數分離，

$$\int \frac{\mathrm{d}z}{z} = -\mu \int \mathrm{d}t$$

二邊積分後變成

$$\ln|z| = -\mu t + C$$
$$\therefore z(t) = \pm e^{-\mu t + C} = ce^{-\mu t} \qquad \leftarrow \text{齊次方程式的解} \qquad (\text{A.18})$$

其中 $C = \pm e^C$。我們假設係數 c 為時間 t 的函數

$$C = C(t)$$

將微分方程式的解（A.18）改寫成

$$z(t) = c(t)e^{-\mu t}$$

將它代入應當要滿足的非齊次方程式（A.17），變成

$$\frac{\mathrm{d}(c(t)e^{-\mu t})}{\mathrm{d}t} + \mu c(t)e^{-\mu t} = \frac{\mu}{K}$$

$$\frac{\mathrm{d}c(t)}{\mathrm{d}t}e^{-\mu t} + \frac{\mathrm{d}e^{-\mu t}}{\mathrm{d}t}c(t) + \mu c(t)e^{-\mu t} = \frac{\mu}{K}$$

$$\frac{\mathrm{d}c(t)}{\mathrm{d}t}e^{-\mu t} - \mu e^{-\mu t}c(t) + \mu c(t)e^{-\mu t} = \frac{\mu}{K}$$

$$\frac{\mathrm{d}c(t)}{\mathrm{d}t}e^{-\mu t} = \frac{\mu}{K}$$

$$\frac{\mathrm{d}c(t)}{\mathrm{d}t} = \frac{\mu}{K}e^{\mu t}$$

進行積分後得到

226

$$c(t) = \frac{\mu}{K} \int e^{\mu t} \mathrm{d}t + c' = \frac{e^{\mu t}}{K} + c'$$

因此解就為

$$z(t) = \left(\frac{e^{\mu t}}{K} + c' \right) e^{-\mu t} \qquad \leftarrow 非齊次方程式的解$$

利用（A.16）式，將 z 代換回 P，解就是

$$P(t) = \frac{1}{z(t)} = \frac{1}{\left(\dfrac{e^{\mu t}}{K} + c' \right) e^{-\mu t}} = \frac{Ke^{\mu t}}{e^{\mu t} + Kc'} \qquad \leftarrow 柏努利微分方程的解（A.19）$$

如果與前一章同樣地設在時刻 $t = 0$ 時人口爲 P_0，

$$P_0 = \frac{Ke^{\mu \cdot 0}}{e^{\mu \cdot 0} + Kc'} = \frac{K}{1 + Kc'}$$

$$\therefore c' = \frac{K - P_0}{KP_0}$$

將之代入解（A.19）：

$$P(t) = \frac{Ke^{\mu t}}{e^{\mu t} + K\left(\dfrac{K - P_0}{KP_0} \right)} = \frac{KP_0}{(K - P_0)e^{-\mu t} + P_0}$$

這與 108 頁的（3.7）一致 [16]。

　　要達成一項目的，可以使用許多種工具；同樣地，要解開一道微分方程式，也可以使用各式各樣的解法。先熟悉一種你最擅長的技巧，就能繼續發展下去。柏努利微分方程式在線性化之後，也可以用參數變異法解開。首先先解開容易求解的齊次方程式，並將之修正使這道解能滿足原本欲解的非齊次方程式。請讓這樣的解法成爲你的方便工具吧！

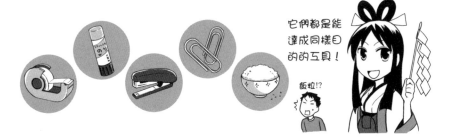

它們都是能達成同樣目的的工具！

飯粒!?

---

16 可以利用忽略 P^2 項次的齊次方程式、以參數變異法來解，也可以利用積分因數來解。

國家圖書館出版品預行編目資料

圖解高中必學.大學先修微分方程式 / 佐藤實作；
謝仲其譯. --初版. －－ 新北市 : 世出版有限
公司, 2024.05
　　面；　公分. -- (科學視界；277)
ISBN 978-626-7446-02-7（平裝）

1.CST: 微積分 2.CST: 數學教育 3.CST: 中等教
育

524.32　　　　　　　　　　113002110

科學視界 277

圖解高中必學‧大學先修微分方程式

作　　者／佐藤實
插　　畫／あづま笙子
譯　　者／謝仲其
主　　編／楊鈺儀
出 版 者／世茂出版有限公司
地　　址／（231）新北市新店區民生路 19 號 5 樓
電　　話／（02）2218-3277
傳　　真／（02）2218-3239（訂書專線）
劃撥帳號／19911841
戶　　名／世茂出版有限公司　單次郵購總金額未滿 500 元（含），請加 80 元掛號費
酷 書 網／www.coolbooks.com.tw
排版製版／辰皓國際出版製作有限公司
印　　刷／世和印製企業有限公司
初版一刷／2024 年 5 月

Ｉ Ｓ Ｂ Ｎ／978-626-7446-02-7
定　　價／340 元

Original Japanese edition
MANGA DE WAKARU BIBUNHOUTEISHIKI
By Minoru Satou, Shoko Azuma, TREND-PRO
Copyright © Minoru Satou,TREND-PRO 2009
Published by Ohmsha, Ltd.
Traditional Chinese translation rights by arrangement with Ohmsha, Ltd.
through Japan UNI Agency, Inc., Tokyo
Copyright © 2024
All rights reserved.